良师轶闻

王武 沈贵鹏 庄若江 主编

江南大学文化书系

Mentor's Anecdotes

科学出版社
北京

内 容 简 介

本书为“江南大学文化书系”之一，收录了由江南大学离退休老同志、教师、校友所撰写的部分已故老教师的生前轶闻。溯远至近，生动地记述了这些优秀教师在教书、治学、育人过程中的精彩故事，每篇文章都配有现代手段制作的人物画像，神形兼备，再现良师形象与气质。本书旨在传承育人理念，弘扬师德师风，彰显江南大学“笃学尚行，止于至善”的文化精髓。

本书可供高等院校教育工作者、教育管理者、学生及校友阅读，也可作为大学新教师岗位培训用的辅助读本。

图书在版编目（CIP）数据

良师轶闻/王武，沈贵鹏，庄若江主编. —北京：科学出版社，2014.8

（江南大学文化书系）

ISBN 978-7-03-041670-4

I.①良… II.①王… ②沈… ③庄… III.①教育家—生平事迹—中国 IV.①K825.46

中国版本图书馆CIP数据核字（2014）第184419号

责任编辑：席　慧 / 责任校对：张怡君

责任印制：徐晓晨 / 书籍设计：铭轩堂

科学出版社出版

北京东黄城根北街16号

邮政编码：100717

http://www.sciencep.com

北京凌奇印刷有限责任公司印刷

科学出版社发行　各地新华书店经销

*

2014年8月第　一　版　开本：889×1194　1/16

2020年3月第三次印刷　印张：10

字数：211 000

定价：118.00元

（如有印装质量问题，我社负责调换）

主编

王　武　沈贵鹏　庄若江

编委

王　武　沈贵鹏　庄若江
倪松涛　高雪梅　向　琪
曹　栋　张影陆　林云鉴
周　萍　赵云红　娄国栋

校审

蒋明宏　杨　延　施培新

画像

沈　妙

序

PREFACE

“大学，大师也”。这是清华大学老校长梅贻琦先生的核心思想，他的原话是“所谓大学者，非谓有大楼之谓也，有大师之谓也”。今天我有责任重申：“大学，大师也！”近些年，我参加国内外学术交流的过程中，总会自觉不自觉地关注、考察其他名校的师资状况，注意收集那些描绘老高校老教师的作品集，想从中得到一些启迪。同时我也大声呼吁：要抓紧收集江南大学的师者故事，不遗余力地推进《良师轶闻》的撰写，并将其纳入“江南大学文化书系”。

江南大学脉系可追溯至1902年创立的三江师范学堂，几经更名、扩立、发展，金陵典学名盛九州，桃李天下。1958年，南京工学院之食品工业系整建制迁往无锡，在“鱼米之乡”独立建成“无锡轻工业学院”。当年的学校曾被誉为“中国轻工高等教育的明珠”，是全国轻工高校中唯一的“211工程”大学，1998年成为教育部直属高校。随着世纪翻页，在锡的三所高校合并，于2001年初组建“江南大学”。又经过十多年的建设与发展，今天的江南大学已经跻身全国高校五十强。如果没有早年那些世纪贤德、博硕先师，以及一大批杏坛园丁的辛勤耕耘，我们很难想象，江南大学这棵大树何以枝繁叶茂，干强根深地生长在这片物华天宝的江南水乡，得到国内外学界的认可，受到社会各界的青睐。

一所名校得益于源远流长的师资队伍，是因为她有着与众不同的文化特质。学校早期的教师源自五湖四海，来自当时国内最好的高等学府，有些是“早期海归”，毕业于美国、法国、比利时、日本、苏联等国的一流大学和研究所，他们师承权威、治学严谨、颇有建树，不愧为世纪贤德。有些在“文革”之前就开始培养研究生，改革开放后，一批教授、副教授成为国内恢复研究生招生之后的首批导师，他们为我校建立全国首个食品科学与工程、发酵工程、粮食工程、油脂与植物蛋白工程等博士点和诸多硕士点，发挥聪明才智，做出无私奉献；还有一大批条分缕析、诲人不倦的园丁，勤勤恳恳地耕耘在教学第一线，他们深受学生崇敬与爱戴。抢救已故老教师教书育人的文化遗产，整理“良师轶闻”是江南大学师生的使命。我认为，《良师轶闻》是交流教育思想，推崇文理交融，秉承师德文化，推进以“文”化人的精神大餐，希望广大师生、校友能够从中获得榜样的力量。现在这本书作为“江南大学文化书系”的第二本出版物即将出版，我感到有所交代，十分宽慰，也希望类似这样的好书一本又一本地写下去。

江南大学校长 陈坚

2014年6月

前 言

INTRODUCTION

一所百年高等学府的精髓就在于她拥有一支源远流长的师资队伍，特别是那些老教师生前全身心地投入到教书育人的神圣事业中，留下不少耐人寻味的小故事和传奇佳话。随着岁月的流逝，那些前期故世的良师先贤离我们越来越远了，当年他们如何博采众家学府之长，创建特色学科与专业？又如何在极为简陋的条件下，艰苦奋斗，耕耘不倦？他们为学校的发展带来了什么样的文化特质？做出了哪些不可泯灭的贡献？“经师易得，人师难求”，我们有责任溯源而上，寻觅他们的足迹，收集他们的故事，探究他们的精神。

有些老教师离开我们已经三四十年之久，随着岁月的流逝，他们的形象越来越模糊，再不及时抢救这一笔宝贵的文化遗产，我们将有负于这所快速进步的大学，有负于不断涌来的新生力量。当然收集、精选、整理这本《良师轶闻》需要投入相当可观的时间和精力，难就难在需要寻找当年的师生关系，邀约愿意参加撰写的作者，串联、编织离散的线索，并尽量以轻松诙谐的方式，鲜活地再现当年的师表形象。如果说这本出版物还有些特色的话，可以归纳为以下几点：

溯远至近——将先师们的生动形象拉到今日学人的面前，需要对当年的历史背景有所交代，但又要避免过多地牵扯学问与文化之外的枝节。让后人能够从中体会到大学创办历程中的脉络，感受先师对学校发展各个关键时段的贡献。

文理交融——学校的前身以工见长，我们所回忆的老教师绝大多数拥有理工科背景，他们成为各学科的权威泰斗的同时，还拥有着出其不意的经历和才艺。你能想象出一位食品学科的泰斗同时也是一名运动健将？你能相信一位仁厚慈爱的制糖专家同时又是音乐才子，而且当过周海婴的家庭教师？你能揣摩出一位校领导、教授是怎么在泡脚的过程中完成了一幅山水画勾勒图？

以小见大——也许没有必要上纲上线、歌功颂德，过于恢弘的颂扬不见得就能够引起读者的共鸣。留在后人心目中的，反而是老教师在教学、科研、工作、生活中的小故事。通过不同的作者，以不同的口吻来描绘，也许在不经意之间，你已经感悟到他们当年的大境界、大抱负、大作为。

以轻衬重——各篇文章采用轻松诙谐的方式点题，或取自老教师的原话，或引自一个有趣的场景，总之，编者试图以轻衬重，恰到好处地表达出老教师风格迥异、生动鲜活的个人魅力。书中列入两位师者的塑像，还神形兼备地勾勒出诸多先师的头像以及不同时期校园的标志性景观，这种艺术处理增添了轻松亲和的魅力。

我们竭尽全力来展示这么一笔厚重的精神财富，期盼她成为启迪后学的生动教材，成为潜移默化滋润“江南”沃土的养分。

编 者

2014 年 6 月

目　录

CONTENTS

|第一篇|

文江学海源流长

诞辰百年以上的世纪贤德离开我们日渐久远，他们有的毕业于早期国内一流高校，如中央大学、北平大学、浙江大学、交通大学等；有的跨越重洋，从美国、法国、比利时、苏联、日本等国获得学位后归国。他们中有的在新中国成立前就已经获得教授职称，是各所重点高校的学术带头人；有的曾经是工业界的技术骨干，为现代酿造业、食品工业、纺织业的发展做出突出的贡献。他们不仅是本校办学史上载入名册的导师、泰斗，是独立建校初期的先期奠基人，而且他们个个德能兼备、多才多艺。那些“寓理于情”的小花絮，记载着文江学海源远流长，衬托着世纪先贤德高才厚。

他日有进，当学韩愈——钱穆

（在江南大学纪念钱穆先生一百周年诞辰大会上的发言）

钱慈明

我的二伯父钱穆，曾任职老江南大学教授、文学院院长。1895年7月30日（清光绪二十一年乙未六月初九），二伯父出生于江苏无锡县南门外鸿声里七房桥的贫寒书香世家。7岁入塾，修读古文。日识生字20余，渐增至七八十，均强记不忘。后家迁无锡荡口，改聘华姓塾师，听讲《史概节要》和《地球韵言》等。随后师病失塾，在家竟日读小说，能通篇背诵《三国演义》，不差一字。

伯父10岁时进入荡口镇私立果育学校。果育是清末乡间新式小学，尊师重教传统未改，师资质量甚高，既多宿儒任教，又有留洋学生讲课。伯父既得经史子集的国学教育，又接触西方新学。他发奋力学，屡得鼓励。体育教师钱伯圭是革命党人，启以民族观念与文化意识。国文教师顾子重学贯中西新旧，尤精历史地理，曾抚伯父脑袋，当众称赞："文气浩荡，他日有进，当学韩愈。"伯父遂有学韩之志。暑期讲习班教师华紫翔是苏州中学英文教师，竟能讲授上古秦汉魏晋南北朝唐宋明清各代诸体古文史册，伯父受益匪浅。因作文优秀，获《太平天国野史》和《修学篇》两册书为奖励。《修学篇》乃蒋万里所译，选述西欧诸位未进学校、自学成名者数十人之修习故事。此书对于伯父有志苦学不倦，自学成才的影响甚大。良师的点拨教诲，使学生受惠无穷。

1905年伯父小学毕业前一年，祖父英年早逝（41岁）。时伯父年仅十一，家徒四壁，唯祖母坚遵祖父遗志，定为钱氏保留几颗读书种子，不忍伯父等兄弟失学。1907年冬，他与兄长一同考入刚成立的常州府中学堂，二伯父读中学班，大伯父读师范班，都是班上最优秀的学生。迫于生计，大伯父肄业，即回七房桥创办又新小学，并亲自任教，月薪10余元，用以养家活口，同时供诸弟读书。二伯父中学毕业后，也即分挑了家庭负担，先后在三兼小学、荡口镇私立鸿模（即果育）学校、梅村镇无锡县立第四高等小学、后宅小学担任乡村小学教师，辗转七年半。乡教既繁且碎，他却见缝插针，充分利用时间博览群书。吃饭看书，如厕看书，寒暑不辍。夏暑为防蚊虫叮咬，纳双足入瓮夜读，坐船往返梅村高四与荡口鸿模之间，安坐船头聚神读书。仿效古人刚日读经、柔日读史之例，晨学经书，夜阅史册，午间兼读闲杂。授课之暇，亦读报章杂志，学而不倦，锲而不舍，自励不息，苦读十年，为他一生的学术造就与阐扬中华传统文化的贡献奠定了深厚扎实的根基。

1922年秋，伯父由好友施之勉先生推荐，应聘厦门集美学校，任高中部、师范部三年级毕业班国文教师，开始了他九年的中教生涯。1923年秋，应钱基博先生相邀，入职无锡江苏省立第三师范任教。三师对门是孔庙和无锡国学专修馆，他开始了著述大业。1927年秋由三师同事胡达人先生推荐，转入江苏省立苏州中学任国文课首席教师，教最高班兼班主任，并带钱伟长去苏州读书。1928年夏秋之交，忽家遭三变（丧儿、妻、长兄）。1929年春，伯父在苏州续娶伯母张一贯，并迎祖母居苏州，共生三男二女，长子钱拙、次子钱行、三子钱逊、大女钱易、幼女钱辉。

1930年秋后，顾颉刚先生特荐伯父应聘燕京大学任国文讲师，开始了大学教授生涯。燕大时称各教会大学中最中国化的高校。伯父初到燕大，就在督学司徒雷登主持的招待宴上直抒感怀，“所谓中国化者实不然”。建议将那些洋文命名的楼宇统统改为中文名称。燕京大学特此召开校务会商议，终采纳伯父之建议，改“M”楼为“穆”楼，“S”楼为“适”楼。以钱穆和胡适之名各命一楼，这在燕大传为一时佳话。但教会学校的氛围伯父终感不适，故一年后即辞职。1931年夏，伯父应聘北京大学史学系副教授，携眷奉母北上，兼清华课程，再升教授。1934年又兼燕大与北京师范大学教学。伯父当年在北大上课，似登辩论会场，不避争议，观点鲜明，博引详证，深入浅出、诙谐善喻、形象生动，尤其是满腔激情，激荡全室，给人留下深刻印象。尽管伯父一口无锡官话，东西南北各地人士竟然都听得懂，来自校外的旁听者为数不少，每堂听讲者常达300人，坐立皆满。伯父是北大最叫座的名教授之一。

伯父在北京大学执教八年，前三年利用北京和各校图书馆，后五年一意购置故籍孤本，常到琉璃厂、隆福寺各书店，店主几无不识。有限的薪金，除日用之外，尽数耗于此。历年所购书籍逾5万部，20余万册，内不乏珍本秘籍，可装20余大箱，继而伯父在学术上也日益渊博。

1937年，抗战爆发。北京各大学纷纷迁校西南，北京大学、清华大学、天津南开三校合并在长沙组成临时大学，1938年迁昆明，命名为西南联合大学，伯父在文学院任教。1939年曾受聘成都齐鲁大学国学研究所任教。北大来联大的史学系学生已全部毕业。遂告假一年，返苏州省亲，时伯母也携子女自北京返苏，持娄门荒废已久的榴园，更变姓名闭门不出，陪侍老母。1940年夏，他经香港抵成都履职，又兼齐鲁大学课。1941年2月祖母病逝，得噩讯日夜伤悼。1944年执教华西大学，1945年又兼四川大学课。1946年夏东归苏州，秋扶病赴滇，任昆明五华学院文史研究所所长，兼任云南大学教授。

1947年，无锡荣氏家族创办私立江南大学，荣德生老先生慧眼识珠，屡邀伯父。10月间，伯父归返乡里，就任江南大学文学院院长。1949年秋与唐君毅、牟宗三等教授，离开老江大后去了香港。他们看到港人受教于英伦文化，缺乏对国家和民族的认同度，而感到忧心忡忡，于是创办了香港亚洲文商学院，伯父亲任院长。此举终于打破了英式教育在香港一统天下的局面，掀起了“国学文化教育”热潮。1950年亚洲文商学院改名为新亚书院，1963年，香港中文大学诞生，新亚书院并入，并发展为该校的主干学院——文学院。伯父在香港授课期间经常谈起当年创办江南大学文学院的故事。伯父学生李木妙的博士论文主题论及“荣氏家族创办私立江南大学的历程与意义”，伯父把江南大学的文化传到了海外，后来又去美国、马来西亚、英国、法国、意大利等国讲学，直至1967年10月才迁居台北。1968年当选为台湾“中央研究院”人文组院士，1969年任中国文化学院（后改为文化大学）史学研究所教授，首任博士班班主任及台北故宫博物院特聘研究员。

伯父古稀之年患青光眼，自此目力日弱，阅读困难，但伯父一向下笔千言，字甚工整，论文数千字，常只改数字即可付印。但凡展纸落笔，也只偶有一两字重叠，仍能著作，唯不能自己改订，必赖夫人诵读，再予增补。1978年春目疾加剧，几乎失明。

1980年、1981年，伯父先后两度在港获得与留居大陆子女及长侄相见的机会，30余年，海天违隔，幸能一晤，颇感快慰。我1984年7月去港，为伯父共贺90寿辰，大陆子女与侄甥又得以与长辈相聚。1986年3月伯父以92岁高龄发表《丙寅新春看时局》一文，谓和平统一是中国的大前途、大希望、大理想、大原则。此文首次为《人民日报》摘载。6月9日下午，伯父在“素书楼”为中国文化大学史学研究所博士班讲授“中国思想史”，这是伯父75年教师生涯的最后一堂课。他殷殷寄语学生：“你是中国人，不要忘了中国，不要一笔抹杀本土文化，要从历史里探求本源，在大时代的变化中不负维护历史文化之重任。”伯父终以96岁高龄平静安详逝于台北寓所，生前曾嘱遗体安葬故乡太湖之滨。遵其嘱，1991年春终安葬于太湖西山。

回想伯父学历仅为中学，却成为最出色的国学大师，完全靠非凡的毅力和聪慧的秉性，刻苦治学，谈古论今，方取得了举世公认的学术成就。他毕生著作甚丰，多达76部（本），主要涉及经、史、子、集，被国内外学术界赞为“博通四部的国学大师”。

作者：原无锡轻工业学院党委书记。1925年出生于无锡的教育世家，为钱穆教授的侄儿。1951年毕业于江南大学食品系，1952～1958年在南京工学院任教，1958～1959年受国家指派在越南河内第二技术学校支教，曾获越南政府友谊奖和“胡志明”奖章，受到周总理和胡志明主席接见。1959～1988年，历任无锡轻工业学院食品工业系党总支副书记、书记，无锡轻工业学院党委委员、常委，党委副书记、书记。

酒逢盛世千杯少——朱宝镛

臧晨光

留学十一年，辗转回祖国

1906 年，朱宝镛先生出生于浙江海盐，状元朱昌硕是朱家的高祖。他从小聪慧好学，白天背古文，晚上学洋文。14 岁时走出家塾，到上海就读预科，次年考入上海南洋中学，3 年后升入东吴大学附属中学。19 岁时，他告别父母，考入日本东京高等师范学院预科学习，后入横滨高等工业学校，毕业后再转入大阪帝国大学酿造学科学习。“九一八”事变后，留日中国学生纷纷离开日本，朱先生也递交了退学申请。他的教授斋藤贤道曾在法国的巴斯德学院研修过，为朱先生写了一份推荐信。1932 年，朱先生乘“阿多斯号”邮轮来到法国，开始了他研究生阶段的修业。之后，他又入学比利时发酵工业学院，专事“利用大米代替部分麦芽酿造啤酒”的研究，1936 年通过论文答辩，被授予生化工程师学衔。这一年的秋天，朱先生离开了比利时，辗转柏林、华沙、莫斯科回到祖国，从此开始了他大展宏图的多彩人生。

学科奠基人，首创两专业

受荣德生父子聘请，朱宝镛先生于 1949 年 9 月来到江南大学兼课，任农产制造系主任。朱先生心想，新中国要发展食品工业，能否把农产制造系改建为培养食品工业人才的食品工业系？他先向校领导作了汇报，又上北京，向高教部、食品工业部汇报。食品工业部部长杨立三接见了朱宝镛，他对江南大学办食品工业系很感兴趣。他说：苏联有食品工业学院，中国也要创建，你们办食品工业系，在国内是首创，一定要把它办好。在朱先生的积极努力下，新中国第一个食品工业系于 1950 年暑假前宣告成立，并于当年下半年开始招生。朱宝镛从实际出发，以美国麻省理工学院食品工程系和莫斯科食品工业学院的模式为鉴，策划、开设发酵、制糖、食品（罐头食品为主）、油脂、化工专业、食品分析、应用微生物学和有机化学等专业课和专业基础课程。

1950 年，朱宝镛辞去同济大学职务，专心致志地到江南大学从事教学和食品工业系的建设。他亲手编写《应用微生物学》讲义，还编译了《农业工业微生物学》作为参考资料。在专业设置和课程设计方面，朱宝镛充分考虑专业化和通用化、理论和实践、学工和学农、技术和管理的融合。学生们在学习书本知识的同时，更有机会走进工厂、实验室、农田，在“做”出来的学问里巩固理论知识，受益匪浅。

1952 年，全国高等院校进行院系调整，原江南大学食工系并到南京工学院，在此基础上成立了南京工学院食品工业系。食工系分设发酵、制糖、罐头食品、油脂 4 个组。发酵组从师资、设备等条件来看最为成熟，因此决定首先成立发酵工学专业，朱宝镛任发酵教研组主任，主讲“工业发酵”及“酿酒工艺学”（以啤酒为主），同时组织专业课程和实验室建设。

朱教授所讲授的酿酒工艺学中，啤酒、葡萄酒部分当时并无中文教科书，他根据自己掌握的理论知识和实践经验，吸收国内外先进科技成果，编写完成了 20 万字的《啤酒工艺学》讲义，这是我国第一本啤酒教材。此后，他又花了大半年时间，编写出 10 万字的《葡萄酒工艺学》讲义。当时我国缺乏大麦原料，他率先提出了以大米与玉米来代替部分麦芽制造啤酒的设想，经实验后获得成功，对啤酒生产做出重要的贡献。

迁校到无锡，临艰勇受命

1958 年，南京工学院食品工业系迁至无锡，朱宝镛先生毅然承担起参与创建无锡轻工业学院的重任。他同广大师生一道艰苦创业，勤俭办学，自己动手搬迁，整顿校园，因陋就简改建校舍，恢复和建设实验室，克服人手不足的困难。1958 年 11 月 17 日无锡轻工业学院正式上课，1959 年 2 月江苏省人民委员会任命朱宝镛为学院副院长。他是当时学院唯一熟悉教学业务的校级领导。

朱先生十分重视实验室和校办实验工厂的建设，鉴于当时的办学条件，强调勤俭办厂、勤俭办实验室，并与学生的勤工俭学相结合；对于恢复老专业的实验室，强调多维修，少购置，充分发挥现有设备的作用；针对玻璃仪器损坏太多的情况，要求教师加强对学生操作的基本训练，增强责任心，以减少损失；对于实践教学，强调学校与工厂的密切联系；对于科研工作，要求各专业教师将生产上急需解决的问题作为研究课题。

教材建设是轻工业部 1960 ～ 1961 年的一项重要工作。部里统一组织各院校力量编写各类教材，无锡轻工业学院担负发酵与食品两个专业教材的主持编写任务，朱宝镛为发酵专业教材编委会的主任，并负责啤酒和葡萄酒部分的编写工作，由他主编的《酿酒工艺学》于 1962 年正式出版，成为轻工业部高等院校工业发酵专业本科学生通用教材，“文革”后出了修订本。这本教材传到了国外后，阿根廷华侨葛章桥给无锡轻工业学院写了一封信，内容大意是：

“读了贵院《酿酒工艺学》后，看到贵院对酿酒技术之深入研究及成果之公布不私，深表钦佩！”

一心为科研，学界声望高

朱宝镛在教书育人的同时，积极参加有关社会活动，关注祖国食品发酵工业的发展。1955 年地方工业部召开了“全国第一届酿酒会议”，朱宝镛应邀参加。当时因粮食紧张，为减少粮食消耗，会议提出:“提高出酒率，合理利用新酒源，1956 年节约粮食 12.5 万吨”的任务。朱宝镛就此主题，在大会上作了题为“新酒源的合理利用”的学术报告，其要点被纳入大会总结报告。地方工业部食品工业局在北京召开“全国第一次啤酒工业座谈会”，朱宝镛在会上作了题为“发展中国啤酒工业的设想”的报告。

江苏省轻工业厅为发展食品、饲料工业，常请朱宝镛参与讨论规划、指导专业方面的工作，如研究提高酒精产量、协助南京酒精厂恢复生产，指导南京酿化厂提高酱油质量，生产“机轮牌”优质酱油，帮助南京食品加工厂研究生产设备问题，指导毕业班学生帮助设计南京啤酒厂，参加轻工业厅在苏州召开的黄酒工作会议等。正是因为得到朱宝镛的专业指导，江苏省轻工业巧借东风，得以发展和壮大。

1963 年，江苏省教育厅对高级知识分子的校内外兼职和社会活动情况做了一次调查，结果显示，朱宝镛的兼职和社会活动全校最多。校外兼职包括：国家科学技术委员会轻工业专业组成员、轻工业部教材编审委员（发酵教材编审委员会主任委员）、全国微生物学会理事、江苏省政协委员、江苏省科学技术委员会委员、江苏省化学化工学会常务理事及学术委员会主任委员和食品组组长、江苏省轻化工业厅评酒委员会委员、无锡市科协副主席、无锡市化工学会副理事长、无锡市教育工作组副组长、无锡市政协特邀代表、无锡市保卫世界和平委员会委员，如此多的社会兼职可见其工作繁忙的程度。

改革开放以后，尽管朱宝镛年事已高，鉴于他在食品发酵界的声望，继续被推举或聘请担任了许多学术机构的领导职务，活跃在学术交流和学科建设的第一线。1982 年 3 月，77 岁的朱宝镛应邀参加联合国与法国对外经济技术合作局（ACTIM）在巴黎联合召开的“国际啤酒工业与无酒精饮料工业研讨会”，在会上，朱先生报告了中国啤酒工业的发展动态，受到与会者的好评。

终身耕耘忙，桃李遍天下

朱宝镛先生在数十载的教学生涯中，以自己优秀的教风和独特的人格魅力，深受学生好评，与学生建立了浓浓情谊。他治学严谨，教学认真，讲课深入浅出，引人入胜。朱宝镛重视实验、实习、毕业设计和毕业论文等教学环节，注重培养学生的动手能力，不仅在系里自办实验室和实验工厂让学生动手操作，还带领学生到有关工厂参观学习，他执着的办学精神令人崇敬。

1962 年，朱宝镛招收了第一位硕士研究生贺家明，后来成为山东省食品发酵工业研究设计院院长的贺家明回忆说："每当我向朱老汇报学习情况时，他总是放下手头的工作，热心地与我交谈，进入研究阶段更是亲自过目我的原始记录和小结。在补充数据、写论文期间，正值朱老在南京住院治病，他在病床上还写过两封指导信。凡是我向朱老提出技术问题求解时，他总是先要我谈谈看法，经常说：'哪怕谈一点，一知半解也好。' 我能取得今天的成就和荣誉，首先要感谢为人师表的朱老！"

朱宝镛不仅在学术上悉心指导学生，生活上也无微不至地关心学生。1950年暑假前，学生赵正清因家庭经济困难，提出要辍学离校，朱先生听闻消息，设法安排赵正清半工半读，最终圆满完成学业。与赵正清一样，受到朱先生帮助读完大学的学生还有很多，不少学生毕业后努力工作，成了科研单位、酿造企业、政府食品管理部门和高校的高级工程师或高级骨干。朱宝镛还善于做学生的思想工作，有一个学生在"反右"时被错判为右派，毕业时情绪消沉，他和那位学生促膝谈心，鼓励学生振作精神，走向社会，干出一番事业。那位学生铭记朱先生的教诲，后来成为了一名有突出贡献的厂长，获得了"国家有特殊贡献的中青年专家"的称号。

朱宝镛也不忘关心已毕业离校的学生，校友在工作中遇到问题向他请教，他总是乐于指点。1957届毕业生余国俊说："朱老师不但是我步入人生的启蒙老师，又是我工作中的指导老师。工作30多年来，每当我遇到困难时，总会想起朱老师。几乎是每走一步都得到朱老师的扶持和指导。我每接到朱老师的信，总感觉背后有依靠，我为有这样一位老师而感到自豪。他如一座灯塔，为迷茫的学子指引方向；他如一束阳光，带给消沉的学子温暖；他如一本书，丰富千万学子的心灵。他与学生的情谊，就像一壶清茶，醇香而悠远，难以忘怀。"

正如朱宝镛先生所说"酒逢盛世千杯少"，回忆朱先生总有说不完的故事。无论是办学业绩、学术成就，还是育人成果，朱宝镛都永远被铭记在这美丽的人文江南。

作者：原无锡轻工业学院党委书记，已故离休老干部，曾著有《朱宝镛与发酵教育事业》，中国轻工业出版社，1992年版，本文内容摘自此书。

编者注：朱宝镛先生于90高龄离世后，他的弟子们自发组织捐设"朱宝镛奖学金"，并塑朱先生半身胸像，以兹永久纪念。朱先生女儿朱玫华现为澳大利亚莫纳什大学教授、研究生导师，长期为原无锡轻工大学、现江南大学与莫纳什大学的合作起到重要的桥梁作用。朱先生的外孙宋正亦为发酵专业校友，现为墨尔本皇家理工大学信息技术学院副教授。朱先生的后人秉承优良家风，英才辈出，续传佳话。

五四运动洗礼，耄耋之年入党
——吴菊晨

曹菊生

吴菊晨，一位耄耋之年加入中国共产党的老教师，他曾经是数学教研组的负责人，副教授，还是原无锡轻工业学院教育工会的副主席。早在20世纪80年代末，他就已经离开了我们。也许，校园中较为年轻的一代人对他已没有多少印象，但他是一位非常优秀的数学教师，兢兢业业在讲台上推演数学、传道解惑长达50多年。

吴老于20世纪初出生于江苏省江阴县的农村，受到江南水乡浓郁的文化氛围和崇尚教育的乡俗民风的熏陶，加上他本人天生的禀赋和才智，吴老完成中学学业后，来到了大都市上海，就读于上海大同大学，专攻数学。大学毕业后他怀着“教育兴国”的梦想，选择了数学教育作为自己的终身职业。先在浙江省立第四中学、上海澄衷中学任教，随后来到江苏省镇江中学、江阴南菁中学担任教导主任，并兼任数学教师，后两所中学都是省内教学质量最好、考取大学升学率最高、最有影响力的重点中学。1949年，解放大军渡过江阴，解放苏南一片地区时，吴老就参加了革命工作。他成为苏南行署的干部，担任行署组织的干部补习班的数学教师，为培养新中国成立后第一代有知识、有文化的革命干部贡献自己的力量。后来他调入无锡纺织工业学校，任教学办公室副主任兼数学教师，1960年随着无锡纺织工业学校并入无锡轻工业学院，吴老先后成为无锡轻工业学院的数学讲师、副教授。

谈到忠诚于党和人民的教育事业，吴老应该算得上其中的一位样板。他对数学的钻研，对教书育人的热爱，几十年如一日，贯穿在整个生命过程之中。新中国成立初期，他为苏南行署干部班执教，使得一批原来只会扛枪打战的战士掌握了文化，学会了社会管理。干部班学员中的不少人后来成为推动江苏经济与社会发展的重量级人物。吴老对无锡纺校的教育事业也有很大的贡献，当年的学生中有的后来成为“211工程”大学的博士生导师，如东华大学的纺织材料专家王善元教授等。

吴老坚持在三尺讲坛上讲授数学直至20世纪80年代初，那时他已经患有不少疾病，可是每周还讲授六个学时的“高等数学”课程，同时还要指导新分配来的青年教师，为他们示范如何上好一堂课，对他们的试讲进行把关、指点。吴老在几十年的教学生涯中，深入探研“代数学”与“几何学”，在编写数学教材方面得心应手。为了让学生有实用的数学教材和习题集，他先后编译了《初中代数学》、《斯盖二氏解析几何学》、《范氏高等代数学解析》等译著和教材。引发学生对数学的浓厚兴趣，为学生打下扎实的数学功底，是他一生的使命和追求。

尽管现在能够回忆起的吴老的故事不算多，可老一辈的同事一定还记得，吴老平时上课总是胸有成竹，推导数学公式言简意赅，分析点评恰如其分，板书工整，嗓音浑厚，听他的课也是一种享受。吴老改作业、批试卷，总是一丝不苟，该指正的必指正，该减分的必减分。辅导学生答疑解惑时，他总是循循善诱、以引导学生的逻辑推理能力为主，将数学公理和定理分别阐释得精辟到位，学生带着疑惑而来，最后悟明道理而归。他善于诱发学生对数学推导的兴趣，那时期年轻的大学生甚至在晚自习期间，以相互抛出数学题，为难同学来取乐，有的男同学见到平时比自己略高一筹的同窗解不出他所出的数学题时，那种沾沾自喜、得意忘形的样子，在现今的晚自习教室中很难再看到。这种“授人以渔”的本领和“后渔之乐”的效果，并非每个教师都能达到的境界。

吴老作为一个亲身经历过新旧两个社会的老一辈知识分子，从他留下的亲笔自述手稿中可以看出，他对新中国成立前国民党政府的腐败无能、物价飞涨、民不聊生，十分憎恨。现在大概很少有人知道，吴老曾经是个热爱祖国、热爱人民的热血青年，又是个崇尚正义、疾恶如仇的正直学生，他在中学时期就参加过五四运动，在大学期间又参加过“五卅惨案”的大游行。新中国成立后参加工作，他始终信仰共产主义，即便到了古稀之年，他仍然执着地继续申请加入中国共产党，终于在78岁高龄之际，党组织批准了他的入党要求，吴老实现了自己多年的夙愿。在中共无锡轻工业学院党委历年批准入党的名单中，吴菊晨老师是最年长的一位，当时他在整个无锡轻工业学院也是一个引人瞩目和崇敬的新闻人物。

见过吴老的同事们都会记得他的形象，一头浓密的银发总是梳得整整齐齐，身材敦实，声音浑朴，衣服总是干干净净，中式棉袄与他的气质很是和谐。他平时作风正派、严于律己、为人谦逊、待人和蔼，在任何场合下总是顾全大局，对于教研组工作中出现的点滴疏漏，他总是严于责己，宽以待人，注意团结身边的同事，从来不计个人得失，和他共事过的同事和受过他教育的学生无不赞扬他是一位好老师、一位好人。吴老做事一贯认真负责，专心钻研业务、尽心教书育人，这样的人品使他在校内小有名气，每当推选各类先进时，总有人会提到吴菊晨老师的名字。翻开他的档案，20世纪50～60年代，他曾9次被评为江苏省、无锡市和学校的先进工作者，足见他在教书育人方面的成就和在同事们心目中的威望。也因为他为人公道，平易近人，愿意为大家服务，又有一定社会影响力，所以被大家推举担任了无锡轻工业学院教育工会的副主席（兼职）。

作者：江南大学理学院副院长、副教授

擅长中医的纺织专家
——李炽哉

袁敏发

我的老师中，李炽哉教授是令我非常崇敬的一位。他是我国纺织界颇有影响的老前辈，著名的“色织设计与工艺”专家，是无锡轻工大学德高望重的资深教授，在纺织科技界、教育界有着较大的影响和较高的造诣，享受政府特殊津贴。他曾经是政协江苏省第四、第五届委员会委员，江苏省纺织工程学会理事。

李炽哉教授的经历很丰富，对纺织工业的贡献非常突出。1929年，他毕业于南通学院纺织科，1939～1943年期间，他曾在上海永生染织厂、上海永生漂染厂、上海飞腾针织厂工作，任工程师、厂长等职。1941年至1943年，他受聘兼任上海的中国纺织专科学校教授；1943年至1946年任无锡联华纱厂副厂长、工程师；1947年至1956年任南通大生纺织厂工程师、副厂长，并兼南通学院纺织科教授一职；1956年到1960年期间，任江苏省纺织工业厅工程师，在那里加入了中国共产党。李炽哉早年任职纺织企业期间，在长期的技术工作和生产管理过程中积累了丰富的经验。新中国成立初期，他在改进土布质量和降低疵布比例的运动中颇有建树，1953年被评为先进工作者。李炽哉教授还根据当时企业需求，对纱厂节约用棉、提高棉纱质量、降低棉布杂质，降低断头率，节约织机用电，实施轻浆工艺等开展技术攻关，为纺织厂解决了生产实践中的许多问题。在江苏省纺织厅工作期间，李老还对江苏省的针织内衣、袜子、毛巾、被单、织带等纺织品的质量检验标准开展系统的研究，通过历时三年的努力，为各类织物制定了产品质量标准和检验方法，推进了江苏省纺织产品的标准化管理。

1960年至1962年，李老来到无锡纺织工学院任教，而后随着高等院校的调整组合，又调入无锡轻工业学院纺织工程系当教师。改革开放后恢复教师职称评定时，自然而然恢复了他的教授职称。李炽哉教授从事纺织学科的教学和科研工作接近30年，主要科研成果包括“色织物上机工艺设计探讨”、“高密织物P、V、A上浆工艺研究”等。他在纺织学、针织学、纺织机械学、色织设计等方面的研究具有很深的造诣。纺织工业出版社出版了他编著的《色织物设计计算》、《花色织物设计》、《织物分析学》、《针织学》、《织物学》、《色织布工艺设计计算》、《纺织概论》、《高等织物设计学》、《机械制图》、《金工学》，以及合编的《英汉纺织词汇字典》等多部著作和教材，这些都是国内纺织学科和纺织界常用的技术文献。他还发表了《谈谈色彩原理和在配色中的协调方法》、《提高色织布生产水平和经济效益》等多篇论文，翻译了《国外运动衣的制作》等具有参考价值的文章，推动了国内运动服装的生产。

尤其值得一提的是，李炽哉对色织工程也做出了贡献。当时国内纺织企业缺少色织设计人才，就连色织设计方面较为权威的书籍也不多见，中央高校教材委员会就把编写色织物设计方面书籍的任务交给了李炽哉教授。李老当时教学任务较重，他边上课，边写书，利用带领学生下厂实习的机会，见缝插针，到各地纺织厂进行调研、收集资料，顺利完成了著作的编写，交付纺织工业出版社出版，为色织物设计与工艺技术填补了空白，为培养我国色织设计专门人才提供了系统知识。

自从事教育工作以来，李炽哉教授认真贯彻党的教育方针，兢兢业业。有一年春季开学前，按学校规定，2月20日教师报到，24日上课。开学前，2月19日晚他就匆匆从南通乘轮船到江阴，一夜没睡，4点半到江阴，天还下着雪，他步行四五里路，赶上了雪后第一班试开的客运汽车，提前来到学校。见此情景大家都说这么冷的天，您晚一点到校报到也没关系，不影响上课，可他笑笑说：“一年之计在于春，一学期之计在于开学初，冷一点算什么。”李老就是这样认真的人，对待工作从来不打折扣。

教书育人，为人师表，真挚关心和热忱帮助青年知识分子成长。李老上课有着浓重的南通口音，有的同学未必全部能听得懂。但他知识渊博，且实践经验丰富，课后学生请教他，接受耳提面命往往会有意想不到的收获。他对青年教师和学生视同子女，对他们既严格要求，谆谆教诲，又和蔼可亲，循循善诱，受到广大师生员工的称颂，威望甚高。我以前也是纺织厂的工人，后来有幸成为李老的学生，大学毕业后又留校任教。无论在学习、工作还是生活上，李老就像自己的长辈一样对我无微不至地关心和教导，是他的关爱和帮助，使我在教学岗位和后来的管理岗位上一步步成熟起来。

与其他教师不同的是，李老还有一套独特的为他人服务的技能和本领。他非常喜爱传统的中医学，日积月累，自学成才，逐渐成为精通中医医理的专家。当年一些无锡医院和校医院的医生都很认可他开出的中医药方。他也乐意把自己的一技之长奉献给同事和朋友。利用业余时间，他主动为很多教工、家属、学生义务诊疗，几乎是有求必应，甚至主动上门，一年中开出的药方达200多张。他也十分注重疗效回馈，还经常回访病人，了解康复情况。他还擅长耳针治疗，有趣的是，他借助绘画与色彩设计的功底，随手就能画出人的耳廓穴位图，利用耳穴图讲解治病原理。李老经常为他人进行耳针、按摩等处理。在他耄耋之年，夫人身体不好，每夜李老都要帮她按摩头部和穴位，帮助夫人克服失眠症状。我年轻时身体素质较差，患有严重的胃溃疡，在我生病期间，李老多次给我把脉问诊，一次一次地调整中药处方，为我精心调理，直至康复。他的关心和帮助至今让我感怀在心，终生难忘。直至他年近90岁时，还在热心为他人诊病，得到他关爱和帮助的人都不会忘记他的恩德。

李炽哉教授不仅对待同事和熟人十分热情，性格爽朗、乐于助人的他，还帮助过陌生的路人。在他的先进事迹材料中，记载着他出差在外，在渡船码头遇到一位农民兄弟，因不慎失落船票，又身无现钞，正一筹莫展，焦急万分，满头大汗。此时，李教授主动上前询问情况，并将农民兄弟带到附近的派出所，说明实情，帮助他及时踏上回乡旅程。他的这类助人为乐的小花絮也许还不止这些。

因他以前的技术级别高，享受的工资待遇也相对高，据他夫人提供的信息，他初调入学校时，工资高达600多元。此后，他两度提出下调自己的工资，到20世纪80年代，他81岁退休前夕的工资单上，工资已减少一半，仅为300余元。说起此事，大概许多人都不太相信竟然有这样的事，但好几位老同志都证实了这一点。李老居家生活十分简朴，从不浪费。学校考虑到他与子女同住，提出可以给调剂一套面积较大的住房，可他说，子女的房子理应自己解决，最终仍住着没有客厅的小套单元。住所中的家具既简陋又陈旧，他也舍不得花钱进行改善，可是每次救灾捐款时，他总是积极带头，捐款数额最大。晚年病魔缠身、深受病痛的日子里，他毅然返回南通老家，为的是避免给学校带来麻烦。他还关照家属不要将病情告诉学校领导，以免分散校领导的精力。在治病过程中，他也坚持不做过度治疗，不给学校增加医药费开支。他不图名利、不求报酬、严于律己、无私奉献的崇高精神令大家十分敬佩。

李老一生作风正派，淡泊名利，谦逊质朴，宽以待人，品德高尚，高风亮节。这位德高学富的老教授，久享盛誉的老专家，道德高尚的老党员，是江南大学文化史上值得记载和颂扬的样板，是江南大学不可多得的精神财富。

作者：原江南大学青山湾校区管委会主任，曾任纺织与服装工程学院书记

我是来请教一个问题的——向瑞春

陶谦

向瑞春教授是我国食品教育界的老前辈。我在大学三年级学习食品生物化学课程时，从图书馆借到一本苏联学者写的有关“谷物生物化学”的书，看到译者名字叫“向瑞春”。这是我第一次知道向先生的大名，却不知向瑞春先生远在天边，近在眼前，就是我们学校的教授。直到毕业前夕，我的一位同学考上了向先生的研究生，我才想起了那本书上名字，并因此对向先生产生了由衷的崇拜（因为那时候能在正式出版物的封面注有大名的人确实凤毛麟角）。

后来我才知道，向瑞春教授是湖南长沙人，1933～1937年期间在比利时圣布鲁农学院留学，后任比利时圣布鲁农业研究院助理研究员。1945～1949年期间，曾在浙江英士大学任教授，后江西中正大学教授、教务长、校长等职，直至新中国成立。新中国成立后，向先生先后在南昌大学、武汉大学、华中农学院任教授。1953年起任南京工学院食品工业系教授兼教研组主任。1958年，从南京到无锡，任无锡轻工业学院粮食工程系教授。

我毕业后被留校任教，对向先生的了解也逐渐增多，有些是直接印象，有些是听其他老师说起的间接印象。向先生是食品学界的泰斗自不必多说，改革开放之初，他提出将“生物化学”课程建设列为重中之重，强调这门课是食品、粮油、发酵等学科的专业基础课程。他牵头组织各所轻工高校的有关教师，成立《生物化学》教材编写组，其中全文海老师就是他亲点的骨干。他告诉年轻教师：“虽然我们的教学计划中不设高级生物化学这门课，但是作为任课教师，你们必须要自学，只有系统地掌握这门学问，生物化学的教学才能做到深入浅出。”他指导研究生和年轻教师的办法是，引导他们学习外文，跟踪国际同类学科的研究动态，尊重年轻人自己的科研兴趣。他指出，“将农产品原材料加工成食品，是一个物理与化学，乃至生物化学的过程，要重视对动植物组织的研究”。在此基础上，他带领团队研究水果的组织化学，如充分利用橘子皮内的果胶制作饮料等就是向先生的思路，为打造新型膳食纤维食品奠定了良好的科技基础。向教授常年担任国内部省级诸多专业学会、编审委员会、轻工业协会的理事和主任委员，在食品、粮油、制糖等学术界享有很高的威望，享受政府特殊津贴。

虽然向教授具有扎实的学科理论功底和丰富的教学经验，谙熟英、法、俄、日、德、意等多国语言，曾翻译过 4 部著作，主编了 7 部教材，并研制出“谷物籽粒硬度计”，但他对工作依然精益求精，一丝不苟，现在回想起来，真可谓“活到老、学到老”的模范。一件小事历久弥新：大约在 1990 年的春天，我正调试世界银行贷款购进的灭菌系统，向先生走进实验室谦逊地说：“我是来请教问题的，想了解软罐头的杀菌技术。”我作了简要介绍后，他又追问了几个关键问题，我一一作答。这件小事，留给我的印象深刻，向先生敏捷的思考分析能力，谦逊好学、实事求是、不耻下问的优良作风令我十分敬佩。

向先生高寿98岁，得益于生前坚持体育锻炼。他是个游泳健将，步入老年后，还经常在泳池中指教孩子们练习游泳动作。先生又是交谊舞高手，年轻时留学欧洲，已学会多种舞步。每当校工会周末组织教职工舞会，向先生不请自来，同事们担心他的身体，当舞曲切换成“快三”或“快四”时，大家劝他不要下舞池，可年逾90岁的向先生说：“我就喜欢跳快步。”他还教年轻老师练习 “狐步”舞。他退休前出差外地，总要向宾馆服务台打听，附近有什么景点或小山头可供攀登观览，并经常在清晨独自登山。年轻时留学欧洲，还造就了他的艺术才能，直至耄耋之年，还经常在家中演奏小提琴、钢琴。他是个注重品位的人，出门在外总是西装革履，风度翩翩。年逾八十的伉俪二老还专门到照相馆拍摄了金婚纪念照，夫人身着婚纱，依然优雅漂亮。向先生在90高龄之际被评为“全国健康老人”， 正如著名诗人余光中先生说的那样，“老得漂亮，老而能狂”。

20世纪80年代末的一天，我亲眼目睹了惊险的一幕，向先生骑自行车至青山湾校区后门口附近，眼看就要撞上固定电线杆的斜拉钢缆，只见他右腿一偏，头一低，从电线杆与钢缆间的三角形空隙中轻巧穿过，随即右脚并不点地，又回复到正常的骑行体态。这种杂技般的动作惊得我目瞪口呆，如此敏捷的身手哪像耄耋老人？听说还有一次，他一手抓住两根晒衣用长竹竿，另一只手把舵自行车，从校外骑回家舍，路上遇见同事，都劝他买竹竿之事可由他人代劳。可向先生却幽默地说：“别人只能扛在肩上，我则可骑车捎回。”在1991～1992年的冬季，几场大雪让校园后门外的青山支路变成了名副其实的冰冻滑道，过往骑车人尽管下车小心翼翼地推行，有人还免不了跌得人仰车翻。可几位师生却看到向老先生骑车从西向东溜坡而下，那姿态仿佛就是个大胆顽皮的年轻人，要知道那时他已经80多岁。在学校召开的教职工运动会上，向教授还喜欢向大家展示他的拿手好戏——自行车慢骑表演，引得大伙儿都来驻足观看，连连称奇。

向先生工作认真，生活快乐。生命不息，运动不止，心态年轻，活得自在而健康，留下许多令人叹为观止的故事，也成为我们后学的人生榜样。

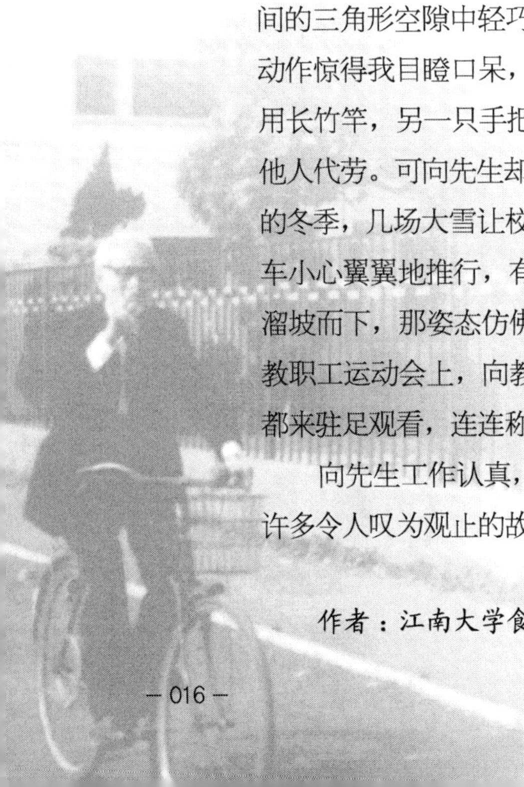

作者：江南大学食品学院副教授、援非专家

在浴室睡着了，还做了个好梦
——沈学源

张瑞平

沈学源教授离开我们将近30年了，相信他的学生、同事，甚至与他有过学术交往的政府部门、科技组织的同志都不会忘记这位博学儒雅、德高望重的泰斗级人物。

沈学源教授原籍浙江德清，1909年出生，从小在上海长大，17岁入南洋大学预科学习，18岁东渡日本，在九州帝国大学专攻农艺化学和农产制造，1935年归国。回国后，沈先生曾任中央大学教授，后应章乃器先生之聘，任重庆李家沱酒精厂厂长，后来又到上海粮食公司任经理。新中国成立后，沈学源教授先后在荣德生先生创办的私立江南大学教授农产品加工，后来又任教于上海水产学院、南京大学、南京工学院，直至1958年来到新建的无锡轻工业学院。作为专业创建人之一，沈学源教授策划建设了国内第一个“粮食加工与储藏”专业，并长期担任粮食工程系主任。

沈教授对国家发展方略，特别是国家的粮食政策、粮食加工技术发展等颇有研究。早在1955年，他致函时任粮食部部长章乃器先生，提出学习苏联的粮食工业先进技术与发展经验必须与中国具体情况相结合，加以融化，创建适合中国国情的粮食储藏与加工工业。沈教授的肺腑之言深得章部长的赏识。后续几任粮食部的领导都将沈教授奉为业界权威，经常邀请他到北京参加主管部门的发展规划研讨、重大项目的评审等活动。傅立民副部长安排他出国考察，回来后他就伏案撰写了《美国、日本饲料工业考察报告》、《美、日食品工业考察报告》，这些都成为政府主管部门的重要参考资料。沈教授长期担任全国性食品、粮食、淀粉工业等协会的副理事长，在国内外粮油食品界都享有很高的威望。

沈学源教授是一位头脑清醒、方向明确的带头人，始终把国家发展与人民生活的提高作为研究大方向。20世纪60年代中期，自然灾害刚结束，沈教授提出要大力发展畜牧业就必须发展饲料工业。作为全校首批研究生导师，1965年沈教授指导研究生朱亚福开展饲料加工技术研究。他亲自带着研究生辗转水陆两路，最后步行一个多小时到达上海南汇县的饲料加工厂，在粉尘飞扬、噪声极大、环境恶劣的条件下坚持研究，工人们对他非常尊敬。沈教授和吴嘉根老师等去武汉出差，途经郑州转车时，旅店已经客满，他就在浴室里住了一宿，第二天早上还风趣地说："在浴室里总算睡着了，还做了个美好的梦。"他对吴嘉根说："田里长的、地上爬的、水里游的，我们都要开发，把研究的面再扩宽些。"沈教授不顾年老体弱，经常深入工厂、研究所调查研究，帮助解决生产科研工作中存在的关键问题。他曾负责解放军总后勤部的科研任务，在社桥校办工厂里，开展"速煮米饭中试"项目的研究，从工艺到设备，从主食到配菜，都亲自过问，合理搭配蛋白质、脂肪、维生素和矿物质。项目完成后，他亲临部队驻地，完成交钥匙工程。20世纪80年代初，沈教授已经年逾古稀，泰兴科委请他去考察食品工业发展，当地住宿条件很差，旅店没有室内卫生间，如厕需要同事陪同。我知道后对他说："沈先生，这么差的条件你不能去，我要对国家、对人民负责的。"沈教授笑着说："只要有二吴（吴嘉根、吴宽民）之一陪伴，一切问题都不在话下。"

作为我国食品界公认的卓越学者，沈教授学识渊博，造诣颇深。他精通日语、英语，兼通德文、俄文，多年来，翻译和组织编写了《东北三省物质资源与化学工业》、《酵母生产工艺学》、《酒精工艺学》、《制粉工艺学》，《粮食食品工艺学》、《配合饲料工艺学》等大量著作和教材、讲义。古稀之年，沈老依然孜孜不倦地致力于学校特色学科的建设，开拓创建"食品科学与工程"硕士点、"粮食工程"博士点，培养了一批优秀的博士、硕士人才。他积极拓展国际学术交流，与美国肯萨斯大学，日本大阪大学、三重大学等建立了较为密切的合作关系，推荐青年学者出国留学研修，并为我国很多省市食品工业的发展出谋献策。

沈教授治学严谨，实事求是，淡泊名利。上海淀粉研究所与他合作开发工业用变性淀粉，召开总结会时，他说：我没做过有关的研究，是吴宽民老师做的，并请吴老师代表学校发言总结。他与吴老师共同翻译整理的《婴儿食品工业现状与展望》发表在《食品工业》杂志上，最后定稿时，沈教授坚持将自己的名字从前边移到后边，让吴老师作为第一作者，自己位居其后。

沈教授不仅博学多才，而且见识宽广。他的哥哥沈西苓（原名沈学诚）是20世纪30年代中国最有影响力的电影和戏剧艺术家之一，能诗善画，多才多艺，是电影《十字街头》、《船家女》的编导。他的姐夫胡厥文，曾是民建中央委员会主席、全国人大常委会副委员长。特殊的家庭背景赋予沈教授独特的教养和人格魅力。他虽然从事工科，但对电影和文艺作品颇具鉴赏力，能说出电影界名人的许多故事。他秉性正直，却又和蔼可亲。人缘极好也是出了名的，弟子们最喜欢与沈教授聊天，与他无话不谈，因为他无所不知。他的研究生弟子林少雯、何慧芬等整天围着他转，因为他风趣幽默，故事多多。林少雯与沈教授同是上海人，情同父子，时值20世纪80年代初，空调尚未进入普通家庭，暑假时段天气极热，林少雯开玩笑说："抱个西瓜到沈先生家里，去换他的故事。"

大家都愿意跟随沈教授一起去外地出差，总是以他为中心，一路聊天谈笑，感觉不到旅途的劳累和厌烦。到了异地他乡，沈教授总会仔细观察当地的传统食品，并经常自掏腰包，按同行的人数，为每人准备一份，他还向大家介绍这些特色食品的加工工艺以及品牌创立过程。到后来哪怕没有什么特色食品，也总是请大家吃早点（油条、豆浆）。他说："我的工资比你们高多了，都不要客气。"

沈教授也是我的老师，后来我任系党总支书记时，他对我很尊重。出差超过 5 天就写信给我汇报情况，告诉我何时回到无锡。我告诉他：以后不必写信，打个电话请总机转告我即可。因为当时师母仍在上海工作，未退休，我就随驾驶员去车站接他。他见到我很高兴，风趣地说："不好意思，有劳书记来接我，真是作孽啊。"送他回到家里，他总是拿出一小袋食品要我尝尝，问我："这是什么原料生产的？怎么加工的？"还说："现在市面上好吃的东西太少了，应该加快研制新的食品。"他就是这样，无时无刻不在思考着食品事业的发展。

一个人远去了，但是他生前的点点滴滴还留在我们的心头，大概这就是怀念吧。

作者：原无锡轻工大学副校长

微生物是活的，让它跟着你走
——丁耀坤

诸葛健

我校杰出校友、“五杰”之一季克良曾经说过：“忘掉丁老师是不应该的”。季克良曾是茅台酒厂的总工程师、董事长，中国酿酒界首屈一指的专家，他对丁耀坤先生的肯定和怀念代表了许多业内人士的心声，也勾起了我尘封多年的思绪。

丁耀坤是我的恩师。1952 年全国高校院系调整时，他随着江苏省苏州农业技术学校转入南京工学院食品工业系，和他一起到南京的还有吴观钊（资深教务处长），以及章克昌、袁振亚两位苏州农校的优秀学生，他们直接转入南京工学院的发酵专业深造本科。1958 年，无锡轻工业学院成立，食品工业系从南京工学院迁入无锡轻工业学院，丁耀坤老师和我们便一起又从南京来到了江南水城无锡。

丁老师是无锡轻工业学院食品工业系发酵教研究室的第一任主任，还是第一届院务委员会委员。南京工学院时期，食品工业系发酵教研室主任为朱宝镛教授，搬迁到无锡后，朱宝镛教授担任了副院长职务。1962 年，我从发酵专业毕业后就师从于丁老师，当他的助教，直至他在“文革”中英年早逝。几十年时间过去，他已淡出了师生的视线，大家几乎失去了对他的印象。可是，正如季克良所言，我们不该忘掉他。在江南大学发展的历史进程中，在我近半个世纪的教书生涯中，我身边的许多老师和学生都作出了可圈可点的积极贡献，是他们铺垫了学校发展的基础，他们也是母校最值得传承的文化瑰宝，丁老师就是其中令人敬佩的人。

瞄准生物治污技术，富有创新精神

在大学生时期，我就很崇拜丁老师，很欣赏他的为人。他做事执着而低调，为人诚恳，性格比较内敛；他治学严谨而又富有创新意识。大学五年级时，我的本科毕业论文《碱法纸浆黑液生产蛋白质饲料的研究》就是在他的直接指导下完成的。50 多年前，丁老师已经把研究思路转到了利用微生物处理轻工行业的废水排放。那个时期，无锡造纸厂排出大量又黑又臭的纸浆废水，严重污染着梁溪河乃至太湖北隅的水面。丁老师看在眼里，急在心里，他设想筛选出自然界的微生物，同化代谢纸浆污水中的有机物，生产饲料蛋白，降低污染，化废为宝。这一生物处理新思路，在当时颇具战略眼光，也面临着巨大的挑战。在丁老师指导下，经过一段时间的取样筛选，我终于在造纸厂的污水排放地分离得到一株白地霉菌株，定名为G103。该菌株对培养条件和营养要求比较粗放，能够利用造纸黑液中的戊糖（当时俗称为糖尾酸）等有机物质作为底物，生长迅速，菌体粗壮，可以简易、低成本的方式培养生产。让我喜出望外的是，经初步测定，培养物干菌体的蛋白质含量达到 40%。

不轻易发表论文，去伪存真，治学严谨

上述研究成果于1962年在江苏省化学化工学会年会中被收录会议论文集刊载，随后又被《微生物学学报》编辑部看中，希望能够约稿，发表该篇论文。当时，能在国内首屈一指的微生物学最高学术刊物上发表我们的论文，真是求之不得的事啊。可是，当编辑部要求我们进一步修改文章时，丁老师却止步于此，不赞成我们投稿。他说："你们的实验数据还是初步的，很有可能木质素同菌体混在一起，靠简单的离心分离是分不干净的，有关菌体蛋白质的数据还要进一步验证。"尽管我们感到非常遗憾，但也只好服从丁老师的教导。后来，经过深入研究，证明丁老师的判断是正确的。在他的指导下，我又进一步借助转化育种法，育得白地霉的新菌种，取名为GN-103，除了保持原有的性状外，这个菌株生长更为迅速，蛋白质含量更高，摇瓶实验得率为0.75克（干菌体）/100毫升，50升小罐流加法试验干菌体得率达1.32克/100毫升。若实际生产中将黑液作为底物综合利用，推算处理黑液135升可生产1千克干菌体，同时还可回收木质素0.54千克。多年来，丁老师严谨的治学态度一直是我学术生涯的指引，对当时许多年轻教师的成长也同样产生了深刻影响。

不受制于学术流派之争带来的压力

丁老师不仅有严谨的科研态度，在教学上也是精益求精，不断进取。难能可贵的是，他在编写教材的过程中，能够顶住种种压力，坚持自己的学术观点。最值得称道的是，他于1963 年创建了国内首门"工业微生物育种学"课程，并编写了讲义，我作为他的助教也参与了其中的部分工作。讲授微生物育种学当然离不开遗传学，可当时我国还处于一切向苏联老大哥看齐的政治大背景下，大凡政治、经济、军事，甚至学术，样样都得听从苏联老大哥的调教。20 世纪五六十年代，在中国，多数学者只讲授米丘林-李森科的学说，而反对孟德尔和摩尔根的理论。而国际遗传学界对米丘林的学说从未接受，更推崇孟德尔-摩尔根学派。摩尔根 (Thomas Hunt Morgan) 是美国进化生物学家、遗传学家和胚胎学家。他发现了染色体是遗

传物质的载体，创立了染色体遗传理论，他也是现代实验生物学的奠基人。由于发现染色体在遗传中的作用，摩尔根于1933年获得了诺贝尔生理学或医学奖。尽管当时丁老师检索阅读的文献主要是俄文书刊，但是他能够独立思考米丘林与摩尔根这两个学派之争，辩证地分析摩尔根学说更有理论依据，更能指导微生物遗传育种学的发展。他毫不犹豫地将孟德尔-摩尔根学派的理论融入《工业微生物育种学》的教材之中，不能不说是一种坚持真理，追求真知的勇气和魄力，现在再翻阅五六十年代他留下的教材定有不一般的感觉。

开放式育人，热心培养弟子

在高校，一个助教要走上讲台，必须经过辅带一两次实验课后才能独立走上实验课的讲台（即主带）。但不管主带还是辅带，每次都必须先做预备实验，在实验菌种和试剂材料均符合实验要求后才能上实验课。为何如此？我记得很清楚，丁老师一直告诫我："微生物是活的，你必须培养它，控制它，让它跟着你走，否则就做不出正常的结果。"我走上理论课讲台也算是较早了，按常规助教听导师讲课三遍后方能独立讲课，但我在听了丁老师一遍"粮食微生物学"之后，就不得不走上讲台了。因为丁老师年轻时得过肺结核，后来虽然治愈，但身体瘦弱，身体常不舒服，走起路来身板子有点歪斜。为了减轻他的负担，我便听从安排提前站上了讲台。为了让我上好课，丁老师每次都要检查我的备课笔记，传授讲课要点。记得我初次讲课时，他特地到课堂听课，散课后同我边走边聊，在鼓励我的同时，也指出应该注意的不足。这种真诚的师生之情用几句话难以言表。后来，在我担任微生物教研室主任的20年中，我一直牢记丁老师教导，接过优良传统的接力棒，热心指导、培养年轻教师，为后来的国家级教学成果的实践与探索作出自己的贡献。

为全力建设好"工业微生物育种学"课程，丁老师还要开设实验课，指导学生掌握遗传育种的系统操作。在我国，工业微生物育种研究开展最早的单位之一可数上海医药工业研究院，丁老师不满足已经拥有的学识，虚心向国内其他先进单位取经学习。1964年，他让我带一位学生（就是现茅台酒厂董事长季克良）一起到上海医药工业研究院进修，师从刘颐屏、袁丽蓉两位高级研究人员，在其实验室学习遗传育种技术，其中包括微生物缺陷型菌株的筛选与杂交育种的系列理论与实践。由此我们掌握了育种学的部分实验技能，为日后的实验教学和科学研究奠定了扎实基础。在丁老师指导下，我还编写了《工业微生物育种学实验》讲义，开设了系列实验。遗憾的是，因受到下厂搞教育改革、下乡"搞四清"以及"文革"的影响，这些教学活动半途而废。更令人痛心的是，丁老师在"文革"中惨遭迫害而英年早逝。但是，他严谨治学、敢冒风险、勇于创新的精神并未消泯，深深影响了我们这代人。沿着他开启的学术之路，我在工业微生物育种研究和相关课程体系的创建方面做出了一些成绩，得到同行的认可，在很年轻的时候就被选为全国高校工业微生物教学小组的组长。

作者：江南大学生物工程学院教授、博士生导师

编者注：章克昌老师与丁耀坤先生有着双重关系，曾为师生又是同事，因章老师胆囊手术刚出院，我们不敢打搅他，可就在本书将要定稿之际，他带病为我们讲述了丁老师的故事，摘要如下：

1950年9月底我考取苏州农校，丁耀坤先生当时是农产制造科主任。1953年我随丁老师转到南京工学院食工系。后来我到苏联留学，1960年回国后到无锡轻工业学院工作。丁先生当时是发酵教研室的主任，我任教研组秘书，记忆较为深刻的是，丁先生在学术上有着很强的敏感性和先导性，他富有创新精神，体现在以下几点：

1）当年苏州农校校办酱油厂的产品“苏农酱油”是苏南行署第一届产品展销会的金牌产品，其生产技术就是丁先生亲手研发的。老法酱油生产采用天然制曲，丁先生引入国际新技术（接种纯种米曲霉制曲），并使之产业化。他还配制了多种香料和中草药，在酱油煎煮过程中加入，明显提高了酱油的风味和防腐性，具有独特的品质。可以说丁先生是我国现代酱油酿造的奠基人。

2）1960年前后，国内外采用各种诱变剂处理微生物，促使物种遗传变异，从中选育出性状优良的突变株，大幅度提高菌种生产性能和效率。丁先生在我校首开诱变育种研究之先河，他的研究方向和指导毕业论文的题目紧紧围绕微生物诱变育种这一前沿课题而展开。

3）20世纪60年代，无锡印染污水开始对运河水产生污染，他就着手研究培养微生物处理污水，走“变废为宝”的路线。他的学生和助手——诸葛健由此开始了他的科技生涯。可惜那个年代环境保护意识很弱，这类课题难以得到经费支持。但是这并不影响我们对丁先生把握前沿动态的敏锐性的由衷佩服。

丁先生身体一直不好，只要不吐血他就坚持工作，亲自带领学生去上海工厂实习，一同睡厂舍地板，一同在食堂用餐。他总是严格要求自己，从来不对他人发脾气，没有牢骚和怨言。这种勇于创新、兢兢业业、严于律己、宽容别人的精神，很值得我们后辈学习、敬仰！

补充：章克昌，原江南大学生物工程学院教授、博士生导师，原无锡轻工大学教务处处长

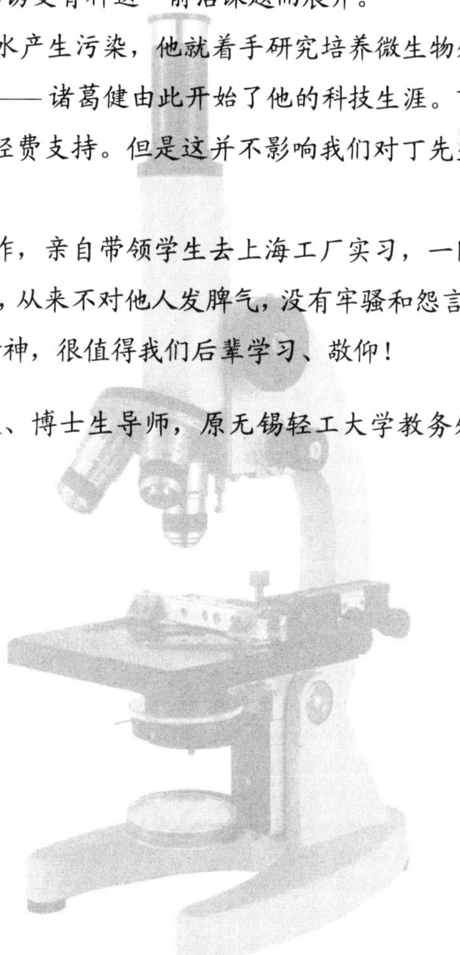

学外语没有捷径 唯有精读强记
——陈玉嘉

施培新

厚厚的眼镜片，花白的头发，和蔼的面容，陈玉嘉教授留给我们的印象至今仍是那样清晰。当年，听说外语教研组中职称、学衔最高的一位老师要为我们上英语课，大家都感到十分幸运，这位老师就是陈玉嘉。

陈玉嘉教授是江苏兴化人，1934 年毕业于武汉大学，1944 年赴美留学，曾在密西根大学和芝加哥大学国际关系研究院攻读硕士学位。1947 年 2 月回国，任教于南昌大学、安徽大学。新中国成立后，陈玉嘉教授先后在多所高校任职：哈尔滨工业大学副教授，淮南工业专科学校教授，华东水利学院化学教研室主任、教授、院务委员，盐城工业专科学校教授，并担任盐城县政协常委、盐城专区科协副主席等职。1968 年 10 月，陈玉嘉来到无锡轻工业学院外语教研室任教授，直至 1982 年病逝。

作为当年本校文科类教师中唯一的教授，陈老师具有很高的专业水平，他精通英语，熟识德语、法语，还具有化学专业的背景。20 世纪 70 年代中期，强调理论学习必须联系实际，外语课也被要求必须结合专业知识，但不知何故学校没有安排陈教授给化工系学生上课，却偏偏让他承担了机械系的英语课。这对他来说，真是英雄无用武之地啊！当他接下机械系的英语教学任务时，发现自己并没有多少机电类基础知识，为了上好课，他不顾自己年逾六十，且患有多种慢性疾病，硬是跟随机械系的师生一同下到机械工厂实习，并坚持与我们年轻人一同徒步往返。

陈教授年纪虽大，却非常谦虚好学、不耻下问。在实习工厂里，他虚心向工人师傅了解各种机器设备的名称与用途，然后对照英汉词典，逐一进行摘录注释。因为买不到机械专业英汉词典，当年他在翻译机械工程领域的文献时，难免会译出一些比较生硬、不够准确的术语和句子。那时，正值“文革”中后期，工宣队、军宣队掌握着学校的领导大权，工宣队领导中就有来自机床厂的人物，他们曾抓住这些所谓的“问题”，作为批判学术权威的案例。陈玉嘉教授就这样成为他们进行负面宣传的对象。好在陈教授为人低调、随意平和、襟怀宽宏，他并未将此事当作一种压力，他采取的态度是不辩解，也不抵触，照样和平日一样认真得上他的英语课，耐心指导那些来自工农业单位、基础相当薄弱的学子们。在年轻的学子身上，他体会到了平淡的快乐，也获得了辛勤耕耘的回报。

陈老师是个温和平易的人，在和学生交流的过程中，他喜欢谈起当年在美国攻读国际关系学硕士学位的那段时光，回忆一个清贫的学子如何走出国门，在美国省吃俭用完成学业；回忆自己整日泡在图书馆，刻苦钻研“国际关系学”这门十分生疏的学科。他对当年的国际组织、国际法以及重大的国际事件等了如指掌，说到这些的时候，他的眼神中透着回忆的温馨。然而，这些内容当时都不能公开在课堂上引喻，实在是委屈了这位归国的大教授了。陈老师还告诉我们：“当年国际关系学课程考试很难对付，美国试卷题量超多，内容也十分宽泛，厚厚的一摞考试卷，拿到手时就让人感到心惊肉跳，学生们叫苦不迭。”陈老师说，他自己拼命答题，也只完成了其中的三分之一，心想这次肯定考砸了。谁知成绩公布后，自己竟然得了A+，真是喜出望外。原来，美国大学采用的是相对计分法，允许教师特意造势，目的是让最优秀的学生脱颖而出。陈教授说，他也很想用类似的考试方法，来测评学生们的真实的英语水平，可是碍于当年对教育的种种禁锢，根本无法实现。他只能委曲求全，通过引发学生对外语的兴趣，尽量帮助他们提高水平。他常常挂在嘴边的一句话是：“学外语是没法偷懒的，唯有精读强记！”这句话，激励着我们当年踏实用功，也给我们留下深刻的印象，至今难以忘怀。

粉碎“四人帮”后，百废待兴，秩序重建，学校为陈教授落实政策，这让他受到了很大的鼓舞。他作为外语学科的带头人，响应学校的号召，以实际行动支持派送青年教师出国留学深造的计划。他主动提出承担出国教师外语进修培训任务，并努力为学员们的外语速成动脑筋、想办法。这时期的陈教授已年近古稀，肾脏功能开始衰退，变得体弱多病。但为了提高青年骨干教师的外语水平，他不顾自己身患多种慢性疾病，带病坚持工作。那批青年教师专业背景各异，多数人大学期间修的是俄文，要迅速提高他们的英语水平有着相当大的难度。记得陈玉嘉教授当时进行的英语培训是开放式的，教师们可以随意听课，跟着老师大声朗读英语例句，那种好学上进的氛围洋溢在每个学员的脸上。

无锡轻工业学院在“文革”之前就开始培养研究生，改革开放后，学校自然而然成为教育部首批恢复研究生招生的高校之一。为研究生设置的第一外语当然是英语，另外还有日语、德语等可供研究生选作第二外语。陈教授为研究生的外语教学安排费尽心思。除了义不容辞地挑起了研究生的外语教学任务外，他对英语师资队伍建设也抓得很紧。也许是出于他给机械专业上英语课那段经历，他提出吸收青年外语教师充实队伍必须要两条腿走路，既要从外校的英语专业引进教师，也要从本校的工科专业毕业生中选取留校教师，送他们攻读外语第二学位，这样就可以实现专业背景与英文水平的交叉互融，有利于结合各学科的需要上好英语课程。李蓝、华林南等留校教师就是在这样的背景下，获得了英语第二学位深造的机会，回校后成为外语教学中的骨干力量。后来李蓝在英国还获得了博士学位，她在英语教育、词典学、英文修辞学等方面的造诣颇深，现为香港理工大学的英语副教授，系主任助理。这一切，不能不归功于当年陈玉嘉教授的有益建议。陈玉嘉教授虽然去世了，但是他对学校英语教学事业作出的贡献不应忘记。积跬步而致远，正因有了许多勤勤恳恳、兢兢业业、任劳任怨的教师们的共同努力，江南大学才有了今天的辉煌。

作者：原江南大学工会主席

101岁乐观豁达的长者——王鸿祺

毛忠贵　詹晓北

101岁的导师王鸿祺教授不久前离开了我们，他走得安详、平静。从钱桥回来的路上，王先生生前的往事如同片片花絮逐渐浮现在眼前，久久萦绕，挥之不去。王先生治学严谨，一丝不苟，善待学生；他为人正直，是非分明，诚恳守信；他意志坚强，处世达观，乐于奉献；他为人师表，桃李天下，深受爱戴。作为他的嫡系弟子，我们有责任把他的点滴故事写出来。

渡过难关，百岁正寝

王鸿祺教授年轻时就是佼佼学子。1939年，他以优异的成绩毕业于北京大学（北平大学）农业化学系。1947年至1953年曾在贵州大学任副教授。新中国成立之初，一次，王老师在贵州出差，住在一家小客栈的楼上。当时楼下住着进山执行任务的解放军战士，那天，一位战士在整理枪械时不小心造成步枪走火，瞬间子弹穿过地板，竟然不偏不倚射到住在二楼的王老师的大腿，顿时，血流如注，几乎晕死过去。当地刚刚解放不久，势必缺医少药，情况十分危急，王老师被送去抢救，县医院为了保全他的生命，无奈之下只好截去他的一条腿。部队给予了他“残废革命军人”待遇。

遭此不幸变成残疾的王老师，并未因此而沉沦。镇定、豁达使他渡过了人生难关。后来他与上海假肢厂联系，专门为他量身订制了一条铝合金的义肢。这条义肢陪伴他60多年。王老师凭借义肢，拄着拐杖，继续开展他的学术研究，继续走南闯北，推进他的工程化课题。真没想到，王老师少了一条腿，从此后身体却无大恙，多年体检的结果都还正常，这与他一生科学养生，乐观豁达，积极进取，心态阳光很有关系。当年他遇到如此惨重的大祸，又有谁能想到，王老师却健健康康地活到101岁才寿终正寝。

王鸿祺老师的长寿在当地也是出了名的。无锡市委、市政府经常派人前来看望，百岁之际，江苏省委常委、无锡市委书记黄莉新还专程去王老师家中向他祝寿。每每我们问起他长寿的秘诀，他总说：“我比较乐观，把子女带大后，孙辈也有出息，特别是一个孙子在美国宇航局从事技术工作，他非常拔尖，是我最大的欣慰。我把孙子抱着一个、牵着一个第四代的照片放在我的沙发对面，每天看着他们，我感到很幸福。”

身先士卒，推动创新

王老师1953年至1958年任南京工学院副教授，后随迁到无锡轻工业学院任副教授、教授。1960年他曾获全国教育文化卫生系统先进工作者荣誉称号，参加了改革开放后首次全国科技大会。1979年7月至1981年12月，他肩挑无锡轻工业学院食品工业系主任的重任，每天按点上下班，处理繁杂的公务。同时他克服种种困难，坚持在科研和教学第一线。王老师具有扎实的理论功底和丰富的教学经验，特别重视理论联系实际，重视培养学生实践动手能力。他主编《发酵生产设备》、主审《发酵工程与设备》等全国统编教材，1978年受聘担任轻工业发酵专业通用教材编审委员会主任委员。他为青年教师的成长付出了毕生的心血，培养了一批杰出的科学技术人才，为国内发酵工程学科的发展做出了重要的贡献。

王老师是酒精蒸馏工程的权威。20世纪六七十年代，我国的酒精蒸馏设备仍然沿袭苏联老大哥的设计体系，采用十分保守的公式计算酒精蒸馏塔的理论塔板数，泡罩式精馏塔的塔板往往多达几十层，蒸馏过程能耗超高，塔体的整体重量大。考虑到当年苏联的酒精发酵原料主要是土豆，而我国南方地区的酒精发酵原料主要是干薯片，王老师针对我国国情，对酒精蒸馏设备重新进行计算和设计。他思路开阔、创新不断，先后设计过斜孔式塔板、筛板式塔板、浮阀式塔板等。20世纪70年代中期，他设计、研制出一种波纹浮阀塔，试图大大降低塔板数，提高蒸馏效率。他亲自组成产学研结合的团队，驻扎在无锡玉祁酒厂，研制安装小型模式化波纹浮阀塔。县级酒厂的条件十分简陋，蒸馏试验车间里靠近蒸馏塔的温度高达55℃。王老师经常拄着拐杖，来到试验场地，因为他无法盘上旋梯，只能仰着头指导学生们进行实验操作，讨论即时测定的数据。他和学生一样在工厂的食堂用餐，尽量克服各种生活中的困难，尽量不让学生们多为他的饮食起居操心。功夫不负有心人，改革开放初期，随着科学春天的到来，他设计与研制了浮阀波纹蒸馏塔及膜式蒸馏单体设备，有关设备在江苏、四川、内蒙古等地被推广应用，曾获江苏省科技成果三等奖、轻工业部科技三等奖。

我们是王老师的研究生，师从他开展新型生物反应器的设计与应用。当时他已经是年近古稀的老人了，但在专业领域依然很活跃，名气也很大，仍然能争取到许多科研经费，创新性设计研发工作开展得风生水起。记得那时实验室刚装了电话，王老师离开实验室后，还常常在晚上10点多打来电话，问这问那，了解实验进展情况，我们一群学生都戏称：老先生又查岗了。甚至有一次我们研究室有一个项目在苏北中试，他当时正在广州开会，晚上10点多了，他打来长途电话，询问中试进展情况。事后心想幸亏还在现场，能马上说明一二，不然在老师电话前，就不好交差了。

王老师的家里堆满了外文书，常常和我们讨论某些学术权威的观点。有一次已经晚间九点多了，他还在实验室和我们几位研究生一起安装一套实验装置，并讨论其工程原理。老先生虽然年纪大，腿脚又不方便，但工作热情一直很高，他就是这样常常身先士卒，亲自动手，用实际行动感染、敦促和教育我们年轻一代。到了20世纪80年代，他作为国家“七五”科研攻关专题项目的主持人，完成了“黄原胶生物反应器的研制”，该项目通过了由中国科学院专家主持的项目鉴定，获得了国家原轻工部科技进步三等奖。

说到这一段，许时婴教授从美国传来邮件，她说：“惊闻王鸿祺教授已故世，对他非常怀念，我为不能最后与他告别而感到遗憾。他对我们食品科学的发展也很有功劳，1985年我刚从美国回来，王教授来找我，希望我参加他的国家‘八五’攻关项目‘黄原胶生物反应器的研制’的部分内容（黄原胶的分离提取及其在食品中的应用），感谢他的器重和支持，一回国就有项目任务和经费。项目攻关的五年中，我们完成了任务，还结识了不少生物技术领域的专家。感谢王教授，他不仅给了食品科学组的发展机会，也促成了黄原胶应用于食品，并推动了我继续研究其他类型的食用胶、食用胶之间相互作用、食用胶和蛋白质之间的相互作用及其在食品各领域中的应用。”

头脑清晰，心胸坦荡

老先生在80年代初入党，届时已是古稀老人。他时常跟我们谈起旧中国的没落，被新社会所取代是必然的。虽然“文革”期间他也吃了些苦头，但从未听到他发过任何一句怨言。我们反而认为他出身新中国成立前山东的大户人家，有几句埋怨的话也是很正常的，但一句也没有听到过。从不怨天尤人，这是他最大的优点。

他关爱学生，那些他喜欢的弟子的名字总是记得很牢，直至他百岁之年，大家为他祝寿，他都能清楚地叫出各位的姓名，甚至弟子夫人的姓名。有时他找不到弟子的电话号码，就很着急，千方百计通过他人寻访联系。他喜欢下中国象棋、下围棋，经常向那些比他年轻得多的退休老同志、老领导挑战，而且往往还稳操胜券。

他心胸坦荡、思路清晰、思维敏捷，对时事也颇为关心。他退休后我们时而去他家中探访，每每与我们大谈国际形势。谈中国的发展，谈钓鱼岛，谈借鉴美国强国之路。他经常提到“斗而不破、和而不同”的中国智慧，他坚信中华文明终究会胜过西方文明，在全球产生更广泛的影响。就在老人家大限前的10多天，还和我们谈起南海、东海的保卫战。他认为，中国人的“不战而屈人之兵”的古训，值得深思与借鉴。难能可贵的是他一直保持着清醒的头脑，知道自己的身体状况已经无力回天，他说：“看来我人生的这一出戏快要唱完了。”他要保姆将家中最好的点心、最好的龙井茶拿出来让我们品尝。难道这就是他要与我们告别的一种形式？这位智慧的老人、坦荡的老人、正直的老人、幸福的老人，将永远活在我们的心中。

作者：均为江南大学生物工程学院教授、博士生导师

客路青山下，行舟绿水前——汤逢

汤坚

放下电话，我明白王武要我为父亲汤逢写几段逸事，纳入《良师逸闻》一书，拟在抢救老一辈知识分子的文化遗产，这确是一件有意义的可为之事。然而，从何动笔呢？父亲离开我们已经 23 年了，回想他的音容笑貌，宛如一滴浓墨落入一泓清水，墨团慢慢下沉，继而涟漪向四面八方波传，丝缕飘逸、若即若离的墨迹勾起我对父亲的回忆，我努力寻觅着弥散在记忆角落里的蛛丝马迹，试图追述父亲生前的点滴故事。

王湾的诗句

家，几经搬迁，有年头的东西越来越少，翻箱倒柜后倒有些收获，在储物箱里竟然找到一卷略微泛黄的宣纸，大约四尺四开大小，其上留有父亲浓墨酣畅的行书四行：

客路青山下，行舟绿水前。湖平两岸阔，风正一帆悬。

海日生残夜，江春入旧年，乡书何处达，燕归洛阳边。

录王湾 次北固山下 似驷祥先生雅正 甲子孟夏 毗陵汤逢。

屈指一数，所记之甲子年该是 1984 年。记得那年初夏，美国著名的食品科学家、新泽西州立 Rutgers 大学食品学院院长、国际油脂协会主席张驷祥教授偕夫人到校访问。父亲白天接待之后，回家就打开文房四宝，自己铺纸研墨，录下了王湾的名诗一首，次日将其赠送给张教授。

父亲与张教授的结缘始于改革开放后在上海召开的一次学术研讨会。两人都是食品油脂界专家，一见如故，相见恨晚。张教授根出大陆，是江苏镇江人。他大哥张骏祥清华大学毕业后，从耶鲁大学获得硕士学位，后任中国电影家协会副主席，上海电影局局长；嫂子是著名声乐家周小燕教授。邓小平同志在1978年决心推进改革开放，记得张教授是那时受邀来访的最早一批教育文化使者之一。他得知中国要派送一批中青年骨干教师出国留学，就回到故土，介绍国际食品科技进展，推动中国学者赴美留学。父亲牢牢抓住机会，借助张教授在美国的学术声望，将学校当年考取公费留学的几位年轻教师推介到美国Rutgers大学去进修两年，其中包括我、沈国惠、李礼尧、王武等，几位学成回校后，大多担纲较为重要的岗位。1984年，父亲再次邀请张教授来访，全面交流我校食品学科的研究方向与发展规划，陪同张教授参观实验室，合作指导研究生，聘张教授为我校名誉教授。

父亲年轻时学业精湛，国外曾向他发出邀请，以他的业务水平，完全够得上受邀出国讲学的条件，可是考虑到兄弟姐妹多，家庭经济非常紧张，出国需要一笔不小的费用，父亲只好放弃了这一难得的机会，也许这正是他心中的一个结。改革开放带来了国家公派出国研修计划，当消息传到我们学校时，父亲是主管业务的校领导，他极为重视这一机会，全力争取公派名额，并得到轻工业部的大力支持，当年整个轻工系统出国进修人员中，我校派出的教师占了60%以上的比例。父亲和老教务处长吴观钊等组织青年骨干的英语培训，采取公开报名，校内考试选拔，再参加轻工部主持的考试。父亲积极联系海外知名教授，在很短的时间里为考取出国留学的青年教师落实国外进修高校。这为学校的教育国际化进展奠定了不可或缺的一级台阶。

今天再次琢磨父亲行书抄录王湾的名句，感慨良多。原来当年诗人王湾泊船镇江北固山下，感念北归大雁何时能将家书传至洛阳，留下不朽的诗篇。而张教授正是籍贯镇江；我还揣摩或许诗中的“青山”隐指“青山湾”校园，“绿水”隐指“江南水乡”，“两岸”隐指“海峡两岸”，“旧年”勾起游子对孩童时期故土的眷念。当年从父亲的书法中，张教授定能体验出他的真挚情感和良苦用心。张教授有生之年，一直为大陆的高等教育事业发展奔走呼吁、尽心服务。大凡来到Rutgers大学攻读博士学位和进修深造的大陆学者，都得到张教授和夫人的盛情接待和热心帮助。在张教授的引导下，父亲进一步聘请了美国知名食品科学家何其傥教授，作为名副其实的合作导师，共同指导食品学科的博士生培养。父亲和张教授的友谊继续发扬光大，后来张教授又向他的弟子们介绍我们学校，带来了台湾大学、台湾海洋大学、新竹食品研究所等一批知名的食品教授专家与我校的频繁互动，积极支持我校以食品学科发展为要务，争取世界银行第二批大学贷款建设。今天我校食品学科成为全国排名第一的一级学科点，父亲九泉之下必定感到欣慰无比。

先师的赏识

父亲毕业于上海大同大学化学系，他的母校校园不大，可师资却是一流，关实之、陶慰荪等元老很是赏识父亲，认为他踏实肯干、为人诚恳，实验一丝不苟。加上父亲一笔连线的英文手书流畅优雅，中文硬笔书法也拿得出手，他们力荐父亲留校执教。父亲却在那时莫名其妙地染上肺结核，需要离岗治疗康复。两位年逾半百的先辈爱生心切，竟然为父亲争取留任机会，并默默分担了父亲的教学任务长达两年之久。父亲知恩图报，病愈后回到大同大学，不仅认真治学、加倍工作，在恩师调到长春吉林大学工作后，还长期关心照顾二老留在南京的儿子。

欣赏父亲的先师中还有一位海归的高姓教授，不知何故终身未嫁，后来她在南京师范学院任教，经常到我们家中探访。有一日，她拎着一只大大的藤箱来到我家，神色凝重地交给母亲，说是因为自己单身，须让出独住的房舍，调整到集体宿舍住宿，于是只好将箱内的宝贝托付给她最信赖的朋友保管，说完拍拍箱子便匆匆离去。我好奇地打开箱盖，只听“喵”的一声，里面伸出一个黄色虎纹大猫的脑袋，从此，这位不速之客便成了我家的第八位“长住”。由于父亲的儒雅仁厚和母亲的贤惠善良，他们就这样成为了高教授物色托管猫宝贝的首选主人。

迷人的糖酯

打开父亲的资料袋，我找到了老校友所写的怀念文章和父亲指导的博士论文等。父亲在学术方面的建树也开始浮现一二。他的专业背景是有机化学，1952 年全国性院系调整时，他来到南京工学院食品工业系，时任副教授，主教油脂化学。数十年的学术积淀，成就了他在耄耋之年埋头笔耕，主编出我国第一本《油脂化学》高校教材。改革开放后，他以极高的学术热情投入到研究生培养事业之中。他先后培养了10余名研究生，课题围绕油脂新资源的开发、新型油脂抗氧化剂、天然多酚化合物制备与应用等。他和许时婴、徐玉佩等几位年轻有为的青年教师组成科研团队，首开蔗糖酯合成与应用的研究先河。

说到这儿，许时婴教授专从美国发来信函，她回忆：“上个世纪 70 年代，我有幸被汤教授看中，参加‘蔗糖酯的开发和应用’研究小组。记得汤老总是那样的废寝忘食，早晨 8 点开始工作，中午短暂休息，傍晚回家时差不多天都黑了。像他这样的资深教授亲自动手做实验，真是屈指可数。反应条件一次次的优化，试验结果反反复复的验证，我们尝到几经失败后获得成功的喜悦。汤老对年轻教师关爱备至，放手让我独立开展蔗糖酯结构分析，早在 40 年前我就用上了先进的分析仪器。记得当年去外地出差，经常是汤老师自掏口袋请我们用餐。汤逢教授亦师亦父，是他培养了我，也将务实求是、一丝不苟的治学态度传给我，这是最宝贵的、享用终身的精神财富。”

的确，“文革”后期父亲刚从牛棚里解放出来，但他似乎并不眷念温暖的家，而是迫不及待地一头扎进了实验室，重新与他的烧杯、试管打交道。与化学反应器具待在一起，令他感到充实、舒坦。他经常亲自操作，天黑还不回家，这可苦坏了几位家有幼小的女教师。父亲自己身体不好，胃疾发作多年后大面积溃疡，加上经常性延误进食，又缺乏休息和补养，终于病倒了，胃部被切去 3/4。可他却毫无“悔意”，心思依然放在科研项目上，学生来看望时，谈的都是研究话题。我从外地回来探病时，他躺在病房里不厌其烦地和我讨论起他的课题进展。

可能因我毕业于化学专业，他还要求我想办法、出主意，为他解决实验难题。这位对糖酯几近痴迷的老人，把大量的时间放在了攻克技术瓶颈，提高结果重现性，保证数据可靠性等环节中。面对着新型仪器设备，他总是乐于向年轻学者请教其间的原理与操作，善于吸纳他们的建议。和团队里的年轻人一起奋斗进取，让他感到轻松且开心。

求实的指导

父亲的博士生王洪新（现为本校教授、博士生导师）也回忆起他们师生之间的情缘。他说：1984 年报考无锡轻工业学院粮油专业的硕士生时，竞争十分激烈，报考汤老师的学生达 30 名左右。他硕士毕业后，又考取了父亲的博士研究生。王洪新说：校友回忆录中称汤教授（油脂化学）、刘复光教授（油脂工艺）和夏纪鼎教授（油脂精炼）为当时我国的“油脂三剑客”，汤老师勇于接受挑战，敢于尝试“螃蟹的滋味”，同时他又非常实事求是。

王洪新回忆说：“当年汤教授的一句话‘科研上正结果或负结果都是一种结果’让我记忆犹新，我现在指导自己的学生时经常引用这句话。当年汤逢教授和 Rutgers 大学的何其傥教授（合作导师，我的第二导师）了解到芦苇叶包粽子后糯米不容易腐败变质，并有一股清香，判断芦苇叶中可能含有抗氧化或防腐成分，因此确定我的博士论文课题为‘芦苇叶中天然抗氧化成分的研究’。考虑到民间也用竹叶来包粽子，另外茶叶中茶多酚等也具有较强的抗氧化性，因此将它们与芦叶中提取的抗氧化成分进行了对比研究。事后我向汤老师汇报实验进展时，问道：‘经过一段时间的研究，感到芦苇叶中的成分抗氧化性能不一定很强，是否有必要继续研究？’汤老师语重心长地说‘抗氧化性的强和弱、正和负都是一种结果，只要你认真、如实地研究了，都是有价值的，都可以让后来者知道结果是什么，而少走弯路。’我听后恍然大悟，潜心研究之后，终于完成了一篇高质量的博士论文。30 年来，每当我想起汤老师的这句话，就会反思目前做学问所存在的浮躁之风，有时老师听到学生做出的结果出乎预料，就一味批评学生。想起汤教授求实的指导，愈是对他治学严谨、尊重事实的学者风范以及为师的大度宽容，从心底里敬佩。当年受教于他的收获，不仅是拿到了博士学位，还激励着我认真做人做事。我要争取当一个像汤教授这样的好老师。”

即兴的杰作

本来故事到此应该搁笔了，可总觉得还缺了些什么。父亲一生清雅，为人低调，从不炫耀，我们作为子女对他的了解并不很全面。其实他涉猎颇多，兴趣爱好广泛。他擅长书法绘画，是否能找出他在世时留下的一些作品？夫人见我若有所思、心神不定的样子，猜出了我心中疑团。只见她翻开资料夹，取出一个信封，里边竟然有两张纸片，她说：“想不到吧，老爷子当年泡脚时还留下了绝世珍品。”话说年轻时的父亲不仅聪慧，而且爱好运动，特别喜欢踢足球。青少年常遇到的问题是，鞋子跟不上脚掌的变化，脚底竟然挤出了鸡眼，此物与时俱长，老而弥坚，唯有热水浸泡，削去角质化层，方可解除行走之痛。一日父亲在家准备泡脚之际，见到孙女和儿媳妇正在京剧脸谱上涂抹色彩，年轻时喜好写写画画的兴趣随即涌上心头，他随手取来两张白纸，垫在盒盖之上，一边享受着泡脚的惬意，一边即兴勾勒山水框图。只见远山近泊，拱桥流水，山峦沟壑之间耸立着或密或疏的树林，山巅之上有座三层宝塔，水面上驰过三桅帆船，湖边有些楼堂馆舍，难道是古色古香的疗养院？原来父亲将所见过的太湖、玄武湖、杭州西湖等江南绝胜，全都镌刻在心里，他将脑中的意境瞬间凝集于笔端，再使之化蛹成蝶，绽放成写意山水勾勒图。另一张竟是父亲画在扇面上的水墨画，构图不俗，疏可跑马、密不透风，青松倔强恣意，大有顶天立地之势。父亲潜移默化地秉承了祖父的道德情操与人文修养，他在工作百忙之隙，以如此神闲气定的方式和轻松随意的笔墨，表达出他对祖国山水的依恋，不知这算不算是一种大雅？

作者：江南大学教授、博士生导师，原国际交流合作处处长

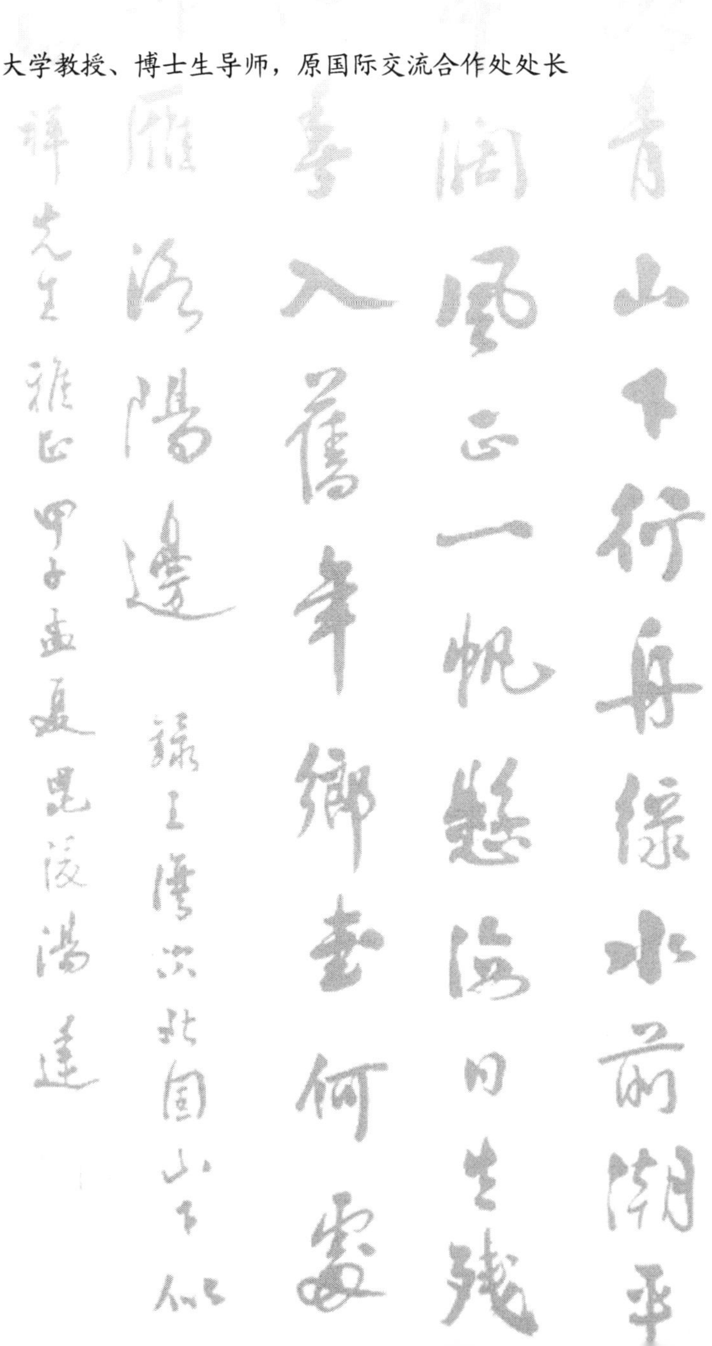

有他的指导，必大有收获
——龚缵模

谢翠林

无锡轻工大学时期，有一位踏实严谨、做事认真、辛勤耕耘、乐于助人的长者令我非常敬佩，那就是我的恩师——教授级高级工程师龚缵模。

龚老是我国纺织界的老专家，德高望重的老前辈，曾经入选中国世界语出版社出版的《二十一世纪人才库》。1939年，他大学毕业后在棉纺织厂工作了20年，然后又在高校从事纺织工程专业教学近30年，毕生致力于纺织工业和纺织教育事业，辛勤耕耘了近半个世纪，培养了大批人才，可谓桃李满天下。

龚缵模1914年12月出生于江苏海门，自幼家境清寒。父亲龚纯智曾在海门大生纺织厂担任账房一职，勉力维持一家生计。父亲教导他要自奉简朴，待人和气，善待他人，助人为乐。受父亲影响，龚老一生严格自律，细致谨慎，做事踏实，任职教师期间敬业爱生，为人师表，深受学生爱戴和敬佩。1939年，龚缵模毕业于南通学院纺织工程系，1939～1943年先后在上海统益纺织厂、上海永生织布厂任技术员、技师。1943～1959年在无锡庆丰纺织厂任技术员、工程师、计划科长、副总工程师。1960～1962年，龚缵模到无锡纺织工学院任教师、工程师，1962年调入无锡轻工业学院工作，任教师、工程师、高级工程师、教授级高级工程师，直至1988年74岁高龄才退休。

作为老一代知识分子，龚老具有非常丰富的理论知识和实践经验。1950年他当选为行业代表，出席了在北京召开的全国纺织会议。1955年无锡庆丰纺织厂成立工程师室，他担任了副主任。工作中，他尊重领导，团结同事，接近工人群众，受到大家的尊敬。在他主持下，解决了当时工厂的回潮率、温湿度不稳定等生产技术问题，他通过潜心研究，精确计算，改进浆纱烘燥工艺，大大提高了浆纱烘燥效率；他根据不同的织物结构，科学调整机织的工艺参数，使新型织物的生产顺利推进；超声波应用技术出现后，他大胆地用这一技术处理小麦淀粉，提高上浆效果。他在织物上浆后处理技术上不断推陈出新，先后承担了海藻酸钠代粮上浆、涤棉纱熔融上浆工艺，以及聚氧化乙烯应用等项目。在庆丰厂工作期间，他曾获得过年度一、二等奖和集体奖，是同行们公认的无锡市纺织工业的技术权威之一。

1960年龚老调到无锡纺织工学院工作后，第二年就被评为学校的先进工作者。他在教学上注重基本理论和技能教育，强调教学、科研与生产实际相结合。1962年以后，他执教于无锡轻工业学院纺织工程系，主要担任纺织工艺学方面的教学，他工作踏实，作风严谨，备课认真，精益求精，一丝不苟。他对新开课程尤为重视，投入的精力更多，查阅大量资料，对讲稿精雕细琢。他还参与了校办纺织实习工厂的建设，争取到无锡相关企业的支持，并多次带领学生到车间实习。在我担任校办纺织厂厂长期间，无论是生产工艺或产品质量方面出现难题时，总要向龚老请教，每每总能得到他热情的指导和帮助。

想当年，纺织工程专业每届学生毕业之前，龚老都要讲授和指导"纺织厂设计"，他具有扎实的理论功底和丰富的实际工作经验，加之他在讲台上睿智的思维、严谨的态度、精练的语言，赢得了广大学生的啧啧称赞，并留下美好回忆。

作为纺织工程专业的学生，要接受纺织机械的保全保养实习，又有生产实习、毕业实习等诸多环节的实习培养，龚老不顾自己年龄大、身体不大好，一次又一次地带领学生下厂实习。我清楚地记得，1981 年下半年，我配合年近七旬的龚老带领机织 771 班学生，到杭州国棉一厂、杭州国棉二厂等企业进行毕业实习，他和我们一起乘轮船、挤公交、睡通铺、吃食堂，同时还从生活上、学习上、思想上关心青年一代的成长，深受大家好评。

工作中，龚老是一位沉稳的长者，处乱不惊，有条不紊。据原纺织分院院长吕仕元教授回忆，1964 年 12 月 10 日，他从华东纺织工学院研究生毕业，来到无锡轻工业学院工作后的第二天，教研组就安排他随龚缵模老师带领机织 601 班 48 位学生赴上海国棉十九厂生产实习。按照实习计划，学生被分配至络纱、整经、浆纱、穿综、织造等各工序学习操作、挡车。一天上午，一位女同学不小心碰断了两根经纱，造成倒断头疵病，工人师傅当时非常着急，当即找到带队人之一的吕老师。由于吕老师是第一次碰到这种情况，一时也不知如何处理，便去向龚老汇报。龚老立即找到前织车间主任，一方面向厂方表示歉意，另一方面诚恳地向厂方表示由此造成的损失由学校承担，希望厂方不要影响对工人的考核。还是这次实习期间，一天快下中班时，一位女同学突然晕倒在织布车间里，龚老马上向厂部联系车辆，迅速将那位同学从杨树浦厂区送到了浦西纺工医院急诊，两位带队实习的指导老师一直在留察室陪同守护到第二天清晨。

我在上学期间和留校工作以后，有幸多次在龚老的带领下到无锡各棉纺织厂和色织企业参观实习。尽管龚老在无锡纺织业有较高的威望和很好的口碑，但他每次都会提前认真作好准备，尽量让实习学生每次都有收获。印象最深、感触最多的，是龚老带队到无锡国棉二厂的那次实习。由于龚老调入大学之前，在纺织工厂工作过多年，与企业负责人和工人师傅的关系非常密切，因此，厂部每次都安排得非常周到，处处提供方便，既调拨出专门机器用于实习，又安排工程师和老师傅进行指导，学生操作出了质量问题，由厂部排解承担责任，不影响对工人的考核。龚老在指导实习期间，引导学生联系工厂实际思考问题，尝试用各种方法探讨解决问题，学生在实践中从工人师傅那里学到了书本上学不到的知识和经验。

龚老不但教学生学会做事，也十分注重教书育人，让大家学会怎样处事做人。例如，周末他组织学生到大食堂扫地、擦餐桌，帮助工人师傅洗碗，进行劳动体验。此外，他还安排能歌善舞的同学利用空余时间排练文娱节目，参加工厂的文艺汇演，让学生每周日与厂部或车间代表队打一场篮球友谊赛等。这些活动，既丰富了大家的业余生活，又拉近了学生与工人的距离，使学校与工厂、学生与师傅之间的关系更加融洽。山东省德州市原副市长王根源校友、江苏省南通国棉二厂原厂长朱家泉校友等，离开学校已经几十年，对上述的情景仍然记忆犹新，对当年龚老的培养心怀感激。正是因为有了像龚老这样德高望重，又富有实践经验的老专家的辛勤栽培，我们纺织工程专业的校友才会在工作岗位上取得了可喜的成就，有的走上领导岗位，有的成为技术权威，有的享受政府津贴，有的成为全国劳模或是“五一劳动奖章”获得者。

在家里，龚老是一位仁慈睿智的长者，对子女和亲戚的教育也很关心。据他儿子、儿媳介绍，老家亲戚中有的家庭突然变故、生活困难、子女学业受到影响，龚老夫妇便毫不犹豫地伸出援助之手，先后把两位八九岁的内侄和外侄从海门农村接到无锡共同生活，供他们上学念书，一直负责到大学毕业。其中一位后来成为某省地质矿产研究所所长，一位成为中学老师，都成为社会需要的优秀人才。龚老对第三代的成长和培养也倾注了许多心血，为了鼓励晚辈们好学上进，品学兼优，成为有用之才，龚老明确表态，对孙辈们（含哺养过的内侄、外侄的子女）学业有成者，特别是考上大学或研究生者，都给予资助和奖励。在他的引导和鼓励之下，孙辈中好几位都获得了硕士学位，有的成为大学教师，有的成为外企高管，在各自的工作岗位上发挥了很好的作用。

龚老对待后学也很关心体贴。1972 年，机织教研室有位青年教师在无锡中医院住院动手术，一天中午，龚老提着专门炖好的一大锅蹄膀汤到医院看望他。这位在无锡举目无亲的外地籍老师不禁激动得热泪盈眶。42 年过去了，每当提到此事，他依然记忆深刻，感激万分。1999 年，龚老 85 周岁之际，他还热心地为扶贫助学基金捐款，受到九三学社江苏省委员会的表彰。

在龚老身上，还有很多值得我们学习和敬佩的事迹。例如，从 1939 年参加工作以来，他就养成了记笔记的习惯，把主要的工作和心得记录下来，一直保存至今；除了看电视、听广播关心国内外时事政治外，他还阅读多份报纸、杂志，并且进行摘录或剪贴。龚老曾是九三学社骨干、无锡市政协常委，退休后他还积极参加民主党派和政协的有关活动，1994 ～ 1997 年期间，多次被评为社务活动积极分子。1996 年，机织 731 班校友毕业 20 周年回校聚会，特地邀请龚老参加活动。当时龚老已 83 岁高龄，却仍满怀激情赋诗一首表示祝贺，字里行间洋溢着对学生和校友的深情厚谊。

龚老平时并不擅长社交，属于内敛而很有涵养的知识分子，据档案记载，他的弟弟龚绎模是新中国成立前就参加革命的烈士，龚老从来未向他人提起或标榜过这种特殊的家庭背景。其实老人家更多感人的故事还有待采集。

转瞬之间，龚老离开我们已经9年，今年适逢他老人家百年诞辰，谨以此文，俯拾一鳞半爪、零星不全的记忆碎片，来表达我对他老人家的崇敬和感激。他的敬业精神、高尚品德、人格魅力，值得我们终生铭记。

作者：原江南大学图书馆党委书记

|第二篇|

先师传道恩济航

学校独立办学的阶段中，还有一批建校元老，他们有的从南京工学院随迁到无锡，有的从其他的高校转入本校。改革开放初期，当无锡轻工业学院恢复研究生培养资格后，他们是早期的一批研究生导师，在他们孜孜不倦的努力下，学校建起了全国首家食品工程、发酵工程、粮食工程、油脂与植物蛋白工程等二级博士学位授予点；在他们传道授业的过程中，一批又一批博士、硕士人才脱颖而出，成为行业骨干和社会精英。本篇中的不少作者就是当年的研究生和年轻助教，他们在这批导师的引领下启动了人生之航程。

希望学生都能超过老师
——檀耀辉

王武

五架马车，檀为其一

尽管他离开我们已经20多年，那高高的个头，厚厚的镜片，浑厚的嗓音，还有那和蔼的笑容，至今在我的脑海中挥之不去。

1916年，檀老师出生于贵州省一户贫寒的普通人家。他自幼聪慧、读书用功，考入浙江大学后，更是埋头读书，全身心投入学问，以致年轻时就戴上了高度近视眼镜。1952年，他以浙江大学讲师的身份来到南京工学院任教，很快完成了从“农”学向“工”学的过渡，成为当年南京工学院食品工业系首创发酵学科的骨干教师之一，承担着发酵微生物学、微生物生理学、酿造工艺等多门课程的教学与教材编写工作。1958年，因全国高等院校调整，他随着南京工学院食品工业系迁到无锡，和诸多创建人一起，开始了无锡轻工业学院的学科创建。檀老师和其他四位泰斗级学科带头人（朱宝镛、丁耀坤、王鸿祺、吴乃扬）一起，肩负着发酵学科的建设与发展的重任，他们各自引领着发酵学科五大学术方向的发展，因而被戏称为“五架马车”。檀老师所领导的“微生物教研组”教学成果丰厚，研究方向明确，教师队伍后继有人，曾被评为学校的先进集体，檀老师本人也多次被评为省、市先进教育工作者。

当面教诲，耳提面命

“希望学生都超过老师”，这是檀老师经常挂在嘴边的一句话。这句话发自他的内心，也贯彻在他诲人不倦的整个教育生涯之中。他善于辨别哪些学生和青年教师相对好学、具备潜力，在业务上，他对年轻人总是有问必答，有求必应，当面教诲，耳提面命。那时没有专门的办公室，他经常把优秀学生和青年教师约到家中，坐在他家小小的八仙桌旁，面对面地讨论学术问题。每当青年学者遇到学术困惑之时，他立马从书架上取下各种宝贝书刊，熟练地翻开对应的章节，向年轻学者佐证他所传授的学术原理。他还会经常翻开英汉专业词典，向学生介绍理解和记忆关键词汇的诀窍，以及如何按照构词规律，举一反三，快速扩大专业词汇量。他熟读英文、日文、俄文的专业书刊，还翻译过不少资料。他对微生物的拉丁文名称也非常熟悉，能在学生面前分毫不差地拼读许多工业微生物种属的拉丁文全名，让人十分钦佩，同时也激发了我们苦读外文，精通专业词汇的决心。他“授人以渔”的师风，在很大程度上引领着学生日后的治学态度和学术进取。他的学生王骏，就深得老师真传，掌握了“日背百词”的技巧，在短短三两年中，积累了大量英文单词。檀老师经常在其他校友面前念叨那些当年面授机宜的得意门生，他们的点滴进步都让他感到由衷的欣慰。

粗茶淡饭，勤俭节约

正因为有机会到他家中接受当面教诲，我才了解到，檀老师育有五位子女，虽然夫人也有工作，但当年他们工资待遇并不高，家庭经济比较拮据。对此先生却从不计较，总说自己很满足现在的待遇，对晋级获奖的机会总是谦让。贫寒的出身令他养成了勤俭节约的好习惯，他不抽烟、不喝酒，也没有任何享受型的嗜好。就连出差去外地，也极少见他花钱购买当地的特色食品。平时一日三餐，他的饮食也极为简单，粗茶淡饭，最多就是加点川贵地区特有的香辛调料。他衣着朴素，只有两三套外装，涤卡的中山装和唐装的老棉袄，冬天穿的鞋也是最普通的老棉鞋。檀先生对纸张也非常珍惜，在他家中往往拿不出随手可及的简笺，我们每次求教都必须自带笔记本。檀先生说自己“因为眼睛很近视，便学会用脑子记下知识要点和关键数据，这样也就用不着浪费纸张了”。简朴的生活习惯，丝毫没有影响到他读书、翻译、做学问。

良友天下，开放育才

檀先生在国内微生物学界有着较高的学术声誉，当年屈指可数的几位微生物学泰斗都是他的好友，如山东大学的王祖农教授，南京农业大学的樊庆笙教授，原中国科学院上海分院植物生理研究所的焦瑞身研究员，原上海生物化学研究所的周光宇研究员，原北京微生物研究所的陈琦研究员等业内同行。檀老师在对后辈进行学术指导时经常会提起这些学术权威，并推荐他的学生报考那些知名教授的研究生。檀先生谦逊地说：“我没有海外留学经历，特别敬仰那些在国外名牌大学获得博士学位并依然归国服务的学术权威。”现为香港基因港科技有限公司首席科学家的王骏，就是在檀老师的热心推介下，考取了原上海植物生理研究所焦瑞身研究员的硕士生，后来又到美国威斯康星大学攻读的博士学位。我留校任教后，也被檀老师推荐到中国科学院上海分院进修学习一年，参与工业微生物生理代谢研究的具体课题，使我的科研水平有了明显提高。

先生极有远见，他向山东大学提出过互换高年级本科生修学的计划，听说当年参与这一项目的学生早已成长为各校的学术带头人。他策划了应用微生物学方面的大型交流活动，邀请了诸如樊庆笙、周光宇这样的顶级学术权威到母校来演讲应用微生物学的前沿进展。记得当时周光宇研究员讲授的“易位子”（transposition）现象，对我们这些徘徊于学科门户边缘的学子而言，简直就是天书。但现在回想起来，檀先生的邀请之举真是高瞻远瞩啊！就在周先生讲授 transposition 的两三年之后，就传来了该学说的创立者——美国冷泉港分子生物学实验室的 McClintock 教授于 1981 年获得了诺贝尔生理学或医学奖的消息。檀先生为后人铺路搭桥、开阔眼界，培养“青出于蓝而胜于蓝”的优秀学术接班人，花费了许多心血，可谓功不可没。

求索不止，成果良多

改革开放不久恢复了高考，接着又恢复了硕士研究生招生。无锡轻工业学院在“文革”之前就已经开始招收研究生，所以属于第一批自然恢复研究生培养的 57 家单位之一。檀先生和其他几位资深的老教师，理所当然都拥有首批培养硕士研究生的资格。他非常重视人才培养和团队建设，注重将研究方向与工业发酵科技发展需要紧密结合起来。他奠定了氨基酸产生菌育种与发酵的新方向，在花甲之年，潜心研究微生物的氨基酸代谢途径，探讨筛选抗代谢类似物的诱变株，分别积累赖氨酸、苏氨酸等。

沿着这一新的研究方向，他培养出好几位优秀的研究生，他们中有的在国内继续从事氨基酸发酵研究，有的在国外继续攻读博士学位，如杨红校友在美国获得博士学位后，成为美国食品与药品管理总署（FDA）的研究员，为食品安全的过程建模和预测分析闯出一条新路，并于 2006 年获得 FDA 最高成就奖。檀先生培养的研究生中，好几位后来都成为教授，其中有的还肩负高校的行政重任，如原大连轻工业学院的副院长陈海昌教授，原无锡轻工大学（后更名江南大学）的前任校长陶文沂教授等。

作者：江南大学生物工程学院教授、博士生导师，原江南大学副校长

老牛明知夕阳短，不用扬鞭自奋蹄
——刘树楷

冯骉　韩继先

“老牛明知夕阳短，不用扬鞭自奋蹄。”这是刘树楷老师常常挂在嘴边的诗句，作为晚年的座右铭，鞭策自己继续奋发进取。原无锡轻工业学院学位评定委员会副主席、化工系主任、教授、享受地市级待遇的离休老干部刘树楷同志，是我国制糖专业、化工原理等方面老一辈的专家和学者，也是一位爱国知识分子的优秀代表。

刘树楷教授1918年生于福建莆田。记得他自己曾经说过，“小时候家境贫寒，赤足上学，但刻苦勤奋”。1935年高中毕业，因家庭经济状况不佳，只能中途辍学。但他一直没有放弃继续深造的梦想。抗日战争爆发后，他于1938年考入迁到重庆沙家坪的中央大学，攻读化工专业，1942年本科毕业。1948年刘先生赴美国留学，获威斯康星大学硕士学位。在美期间，经由同为威斯康星大学留学生、该校唯一的中共地下党员唐孝萱的介绍，他参加了党的海外知识分子外围组织——“留学中国科学工作者协会”，成为该协会的积极分子。他经常分发进步刊物，介绍新中国成就，在同学中宣读家信，驳斥国民党谎言，动员留美学生响应周恩来总理的号召，回国参加建设；他曾参与联名写信给美国的新闻媒体，抗议美国支持国民党轰炸上海，伤害平民。他还在同学中组织辩论，主张由新政权代表中国参加联合国组织。

1951年10月，学有所成的刘树楷毅然返回祖国。当时，美国政府对想回国报效的中国人多方阻挠，刘先生精心设计了一条曲折的回国路线，先到日本，再到菲律宾，最后经香港辗转，终于回到祖国怀抱。1952年，刘老师在南京工学院（现东南大学）食品工程系任副教授，兼食品教研室主任，是南京工学院最年轻的副教授。他工作努力，追求进步，并任南京工学院教育工会副主席等职。毛泽东主席访问南京期间，工作出色的刘树楷曾经受到毛主席的亲切接见。

正当他满怀热情积极投身于新中国的社会主义建设高潮时，有着海归背景，且为人正直的刘树楷先生在1957年突遭“反右”厄运，两年后竟至身陷囹圄。此后，虽于1962年安排至无锡轻工业学院任教，但在前后长达20年的时间里，他一直受到不公正的待遇。直到粉碎“四人帮”后，经江苏省高等法院复查审核，省人民政府有关领导部门的批复，他的冤案才于1979年10月得到彻底平反，恢复名誉，恢复一切政治、生活待遇。平反后的他精神焕发，心情舒畅，多次表示：“过去长期蒙受冤屈如石压顶，今天得到了党的信任和了解，恢复了名誉，我愿足矣。”20世纪80年代，刘树楷老师当年的留美同学唐孝萱教授受聘本校硕士生导师，与刘先生再次会面，感慨万千。刘先生对多年来受到的不公正待遇只字不谈，却把自己参加人民代表大会的照片展示给唐教授，以示爱国之心。

平反之后的刘树楷先生，已经年过六旬，但他仍以强烈的事业心和高度的责任感，全身心地投入工作，先后担任化工原理教研室主任和化工系主任。化工原理教研室已退休的老师们还记得，1980年前后，在数次工资调整和职称晋升的机会面前，他主动谦让，表现出难能可贵的高尚品格。他密切联系群众，言传身教，甘为人梯，受到广大师生员工的称颂，有着很高的威望。对过去曾经错误地对待过他的人，他也报以博大胸怀，丝毫不计前嫌，继续合作。对年轻教师，他更是关怀备至。他与老教师约定，发表文章时一律将年轻教师的名字放在首位。对申请晋升职称的教师，他参照有关政策，帮助青年教师努力满足晋升条件。退休以后，他仍然关心系里的工作，关心学院的工作和发展，经常向学院领导和有关部门提出各种建议；即使在病重住院期间，仍然经常询问学校的发展情况，在病床上不忘献计献策。

刘树楷老师在制糖工程方面造诣颇深，早在20世纪50年代在国内就享有很高声誉。他的许多学生已成为我国制糖工业界的专家和领导骨干。他在长达20年的蒙受冤屈的困境中，仍然潜心研究制糖理论和技术，以孜孜不倦、认真严谨的治学态度，在国内外有关学术刊物上相继发表了数十篇有影响的学术论文，出版著作十余本。1985年，他远赴加拿大、美国参加国际学术交流，在国际制糖协会第44届年会上，发表了题为《中华人民共和国制糖工程发展》的学术报告。他的论文 *Sugar in Ancient China* 从根本上澄清了国际糖业界认为中国甘蔗制糖法是由印度传入的错误观点，为世界制糖科技史作出了颇有价值的学术贡献。

刘树楷老师具有扎实的理论基础和丰富的教学经验，讲授过制糖工程、化学工程、化工原理等课程，他博学强记，深入浅出，深受学生的欢迎和同行的赞扬。改革开放后，学校恢复了研究生教育，他培养了好几位硕士研究生。每天清晨，他总是早早来到实验室，对学生的课题进展和论文撰写给予全方位的指导。为了弥补招收的第一位硕士研究生本科专业知识的不足，他单独为她补课40多小时。在参与校内其他的硕士生学位答辩时，也往往直言不讳地指出所存在的不足之处。他多次提醒“研究生的课题不该只偏重于学术研究，而轻工程设计”，指出像本校这类以“工科见长”的院校应该重振“工程”雄风。

刘树楷教授身上总是充满了活力，他长期坚持锻炼身体，年轻时喜欢参加各种体育活动，游泳、跳远、打篮球都是他喜爱的运动。直至古稀之年，每当清晨或傍晚仍能常常见到他在校园里跑步的身影，跑热了，他就将毛衣系在腰上，给许多同事留下了难忘的印象。他那身材匀称、步履轻松、精神爽朗的风姿，赋予大家一种精神的力量，一种样板的感召。

作者：

冯骉，江南大学教授、博士生导师，原江南大学副校长

韩继先，江南大学化工学院副教授

生命不息，学问不辍——夏纪鼎

许虎君

夏纪鼎，一个很有意义、举足轻重的名字，他是我十分敬重的师长和岳父。他为科研与教育事业的发展贡献出毕生的心力，直到生命走到尽头，才真正停止了工作。他用一生全部的热忱和睿智，树立起一座“学”与“问”的丰碑。

专业的开拓者与奠基人

1921 年，夏老师出生于江苏江阴。14 岁考取苏州中学，他从此背井离乡，异地求学，中学毕业后又考取浙江大学。在那战乱纷飞的年代，浙江大学西迁至四川办学，他同一群求知若渴的青年立身巴山蜀水，勤读苦学，孜孜以求，造就学术研究之本领，明发科学报国之志向。浙江大学“求是”校风的熏陶，给了他数十年如一日，勇攀高峰的图强动力。

1944 年，夏老师获得了浙江大学农化系学士学位。1948 年，又获得浙江大学化学工程学院硕士学位。不久，他接到福建海疆大学（现华侨大学）聘书，就任该校副教授，时年仅 28 岁。1950 年，组织上委派他到福建泉州第一中学任该校第一任校长，负责行政与教学。为了不让自己专业荒废，他于 1953 年申请调离泉州一中，调入南京师范大学化工系任教。1955 年又调入南京工学院（现东南大学前身）食品工业系，任油脂教研室副主任，从事教学与科研工作。

夏老师的深厚学术造诣为他赢得了众人的肯定，被誉为“油脂三剑客”之一。他曾协助我国著名油脂专家、南京工学院食品工程系主任王昶教授，创建了南京工学院食品工程系的油脂本科专业，培养了我国最早的两届油脂专业毕业生。无锡轻工业学院雕鸿荪教授、王福海教授，郑州粮食学院过祥鳌教授等，都是他早期的学生。1958 年，随着南京工学院食品工业系迁到无锡，筹建无锡轻工业学院（现江南大学），夏老师在第一时间来到太湖之滨，成为无锡轻工业学院的创始人之一。他与刘复光先生、汤逢先生等共同努力，携手成立了以“日用化工与油脂工学”为主要方向的化学工程系，这就是今天化工学院的前身。

1960年，经国家批准，无锡轻工业学院油脂学科在国内率先招收研究生，夏老师是整个教研室内第一个带研究生的导师。随后，国内“油脂工程”的第一个硕士、博士学位授予点，都在此落地生根。他还是我国日用化工和表面活性剂学科的奠基人之一，无锡轻工业学院的日用化工专业是我国最早设置的日用化工专业，他在该专业的创建和发展中发挥了重要作用，做出了巨大贡献。“文革”期间，他受到迫害，白天被拉到无锡马山劳动、批斗，晚上却仍坚持看书、写书，在此期间竟然还完成了《合成洗涤剂的生产》这部著作。

认准了方向，他便马不停蹄地向前行进。在他的不懈努力下，无锡轻工业学院的化工学科形成了“表面化学与应用”的新方向，他带领着一批学术骨干，不遗余力地研发出各种各样的新型表面活性剂。他是化工系第一位获得“国家自然科学基金”研究项目的学者，也是第一位打通“表面化学与应用”的国际交流渠道的学科带头人。他以一名开拓者的身份，默默耕耘了34个春秋，对化工学院后来的长足发展奠定了良好的基础。

学科名教授与带头人

夏老师学术造诣很高，技术业务娴熟，工作勤奋，成果累累，穷其一生于科研和教育事业。在日化专业领域中，他是享誉国内外的知名学者、教授。他精通英语、俄语和德语，先后在表面活性剂、洗涤剂和油脂精炼领域，贡献了5部著作和3部译著，在国际期刊上发表学术论文100多篇，其中多篇被国际化工论文集收录。

他特别重视学术交流，经常强调：只有多多开展国内外学术与技术交流，才能认清学科领域发展的现状，求得科学真知，避免一叶障目。他不仅亲自邀请许多国外专家学者前来讲学，他本人也遍访世界各地，参加国际表面化学研讨会，进行学术研讨和交流。1988年，他率代表团赴美国、日本等国家访问和学术交流，展示了我国在表面活性剂与洗涤剂的生产和研究开发领域亦具有很高的水平，受到了国际同行们的瞩目、肯定和赞许。

他开创性的研究工作至今仍影响着专业及行业的发展，如MES系列产品的开发，以及应用表面活性剂三次驱油技术对后期采油的贡献等。大庆油田研究院的副总工程师伍晓林坦言，正是夏纪鼎老师有一次在齐齐哈尔轻工业学院的学术报告给了他极大的触动，“表面活性剂是工业的味精”这句极有感召力的结语，坚定了伍晓林终身从事表面活性剂研究的决心。

夏老师培养了一批研究生，今天不少人都是领域内的知名学者，有的成为行业的技术带头人。夏老师担任过中国洗涤用品协会常务理事、江苏省日用化学学会理事长、江苏省化学化工学会理事、江苏省轻工业协会理事常务理事、大百科全书轻工卷编委、《表面活性剂及石油精细化工》编委等社会兼职，一生获得很多教学和科研荣誉，享受国务院特殊津贴，曾获得联合国科学发明奖，被载入美国教育界出版的全世界5000人名人录。而今，他的学生接过他的旗帜，继续在表面活性剂领域开拓进取。

虽然远在海外，夏老师仍时刻关心学校的发展。他对学校和化工学院饱含深情，经常查看学校的网站和学报，当得知化工学院又有了“高分子材料与工程”新的学科方向时，他不断向化工学院领导、同事和弟子们了解学科建设情况和科研进展，还以学校的名义自费参加了多次国际学术会议。

终身学习者与科研人

在工作了整整 45 年之后，夏老师才选择退休。古稀之年的他对化学实验室念念不舍，依然意气风发：“给我一个实验室，我还能再带研究生。”退休后，他曾与我商量合作培养研究生的事宜，奈何当时的各种条件和规定所限，难以实现他的想法。由于专业兴趣点略为不同，我比较喜爱表面活性剂开发和日用化工企业的技术服务工作，岳婿二人在专业领域的紧密型合作未能如愿地深入开展，但我经常得到他的指教，我也遵照他的教诲，不离开专业，不虚图名利，在表面活性剂和日用化工领域实实在在地做些有意义的工作。

就在退下来的 1993 年，他认为到美国去延续他的科研梦想，也许是更好的选择，这样可以心无牵挂地学习新的知识与技术。那一年他成为美国韦恩州立大学的高级访问学者。他以古稀之年的身躯、难能可贵的抱负和绝无仅有的执着，每天往返于美国的表面化学实验室，重新实践着他那本来就很不错的英语口语；像年轻人那样认真学习如何使用新型仪器设备。在这期间，他阅读了大量的专业文献，乐此不疲地跟踪着国际表面化学发展的前沿动态。2004 年他还以 83 岁高龄，参加了在德国举行的国际表面化学的学术会议，进一步提高了我们学科的国际知名度。

虽然后来夏老师定居在美国，但是他不仅没有停止过学术研究，还始终将著书立说作为使命。75 岁的他从英文打字练习开始，又学会了使用电脑，用 E-mail 通信，还设想在网上建立一个学术博客。他以常人想象不到的睿智与毅力，与法国科学家 Raoul Zana 教授等精诚合作，共同完成了 *Protein-based Surfactants: Synthesis, Physicochemical Properties; and Applicatians* 和 *Gemini Surfactants: Synthesis, Interfacical and Solution-phase Behavior, and Applications* 两部英文版学术专著。在美国出版这些著作时，他的作者身份专门注明“中国 无锡轻工大学 夏纪鼎”，可见其不仅老骥伏枥、壮心不已，钟情于科学，而且不忘故土、热爱祖国，实乃后学晚辈学习的楷模。

因年事渐高，病痛折磨，另一部专著最终还是未能完成，这也成了他最后放不下的遗憾。就在他临终前的几个小时，在心力耗竭之际，他在日记中这样写道：“我实在没有体力把这本书写完，我深感对不起社会，对不起时间，我实属无奈，我很愧疚！”

其实夏老师大可不必愧疚：能将学问进行到生命的最后一刻，已属难能可贵，很少有人可与之媲美。更不用说，他在职时培养造就了一大批英才，其中不乏知名学者、总裁、行政领导，如香港维德集团总裁庄启程、复旦大学原科学研究院院长王其藩、原无锡轻工大学副校长郭锡均、西安市原副市长马振华、美国联合利华集团高级工程师朱水平，还有一大批资深教授，如曾经的化工学院院长方云等也都是他的研究生。他为教育事业奉献了一生，真可谓春风化雨，桃李满园。

谦和的好师长与学问人

不同于他在科研和教育上取得的显赫成就，夏老师没有太多的兴趣爱好，在生活上他更是朴素节俭，甚至可以说平淡无奇。他没有休息日和节假日的概念，也不知带着家人外出去度假旅游是什么感觉。50 多岁时，他还亲自带领学生到工厂去实习，在长达近半年的时间里，他穿着和学生一样的工作服，与学生同吃、同住、同劳动，截管、攻丝、安装化工设备和管路，样样亲自动手，从中感受着实践的真知和动手的快乐。而到了 80 多岁高龄时，他还坚持每天工作到凌晨两三点，正如他所说：“工作就是幸福。只有工作能让我高兴，能让我笑。”

作为一个多产的教授，他的勤奋令人动容。但他却总说，成果和业绩已成为过去，无需再提，关键要把未来的路走好。他为人谦和，待人宽厚，与人交谈时总是彬彬有礼，面带笑容，即便是听到不太悦耳的话，他也总能闻过则喜。他说，生气就等于拿别人的错误来惩罚自己。

这就是夏纪鼎教授，他既是我的师长，又是我的岳父，在我心中他有着泰山一般的地位。他高瞻远瞩的眼光、终身求索的精神、严谨求实的态度、朴素谦和的个性，以及对事业的追求，对学校的深情，对学生的关爱，永远值得我学习。

作者：江南大学化工学院副教授

小事做不来，大事定做不好
——刘复光

王兴国

我于1990年考取刘复光教授的博士研究生，那时候他已68岁高龄，对他最初的印象是眉清目秀、阳光睿智、博学儒雅、爽然大气。心中立即萌生出对他的一种敬畏和崇拜之情。

刘复光教授是南通市通州区人，家世较为清贫，自幼酷爱读书，1940年考入上海之江大学，后转入沪江大学学习。抗战胜利后，1946年考入北平燕京大学攻读化学工程硕士学位，翌年9月又远渡重洋赴美国依阿华州州立大学留学，攻读化学工程，用短短四年先后获得硕士、博士学位，是位才子。刘先生在美国深造时就加入了“留学中国科学工作者协会”，并成为负责人之一。因此，在他去世之后组织上还是补发了他的“离休干部优待证”。1951年，他响应周恩来总理召唤，冲破层层阻力，毅然回到祖国，满腔热情地投身到新中国的建设和祖国的高等教育事业，先后在燕京大学、天津大学、南京工学院任教，为国家培养了大批化学工程方面的高层次人才，桃李满天下。20世纪50年代刘老师在天津大学任教时，从事化学工程的教学与科研工作，1957年以油脂工程学术带头人的身份奉调至南京工学院食品工程系，因原南京工学院食品工程系主任、油脂学科带头人王昶教授病故，刘复光先生由天津大学调入，继续引领油脂工程新领域的发展。

1958年9月南京工学院食品工程系东迁无锡，先生欣然前往教学条件和生活环境相对较差的新建院校工作，并从此落籍定居于无锡，历任无锡轻工业学院粮油工程系副主任等职。他倾注了毕生精力从事油脂教学与科研工作。发表了大量具有很高学术价值的科技论文，研究设计了我国第一台弓形浸出器和第一套环型浸出器（环Ⅱ型），主持完成了国家“六五”和“七五”科技攻关项目“菜籽去毒制取饲用蛋白”和“混合溶剂浸出棉籽油新技术”，以及“大豆闪蒸脱溶工艺和设备的研究与开发”等，为我国的油脂工业发展奠定了很好的基础。因为刘老师具有很高的理论水平和工程造诣，加上毕生孜孜不倦、全身心投入，勇于探索、大胆开拓，取得这些丰硕成果在所必然。他将自己毕生精力倾注于油脂与植物蛋白工程领域的教学与科研开发事业，取得了突出贡献，也获得很高的学术声望。刘先生 1960 年就被评为江苏省劳动模范；1978 年出席了全国财贸学大庆先进大会；1984 年得到“江苏省政协委员先进代表”表彰。他作为优秀知识分子的先进事迹还曾刊载于《光明日报》。

“你们出生在很好的时代，应该好好努力，‘文革’使我耽搁了十几年……”先生常常这么对我们说。他争分夺秒培养专业人才，他是我国油脂学科领域首位指导硕士和博士研究生的导师，早在 1962 年，他就招收本校，也是全国的第一届“油脂工程”专业研究生。他从 1987 年起被国务院学位委员会评为博士生导师，在短短的几年时间里，培养了好几位油脂科技领域的高层次人才。读博一年后，由于一些个人原因，我曾经想放弃深造，刘先生知道后，专门找我谈心，他语重心长地说道，中国的现代油脂工业才刚刚兴起，劝我把眼光放长远一点，只要熬过这段时间，前方一定是康庄大道。在他的鼓励下，我做了一个改变我今后人生道路的大决定：克服困难、继续读博，这才有了我今天的这番成就。平日里，年近古稀的刘先生还乐观地跟我们说“我的人生才刚刚开始”。他还告诉我们，“宝剑锋从磨砺出，梅花香自苦寒来”，涅槃而出，厚积薄发，才是人生应有的态度！可见，先生那时候老骥伏枥、志在千里，还有着大干特干的一颗壮志雄心，着实令人钦佩不已！这也给了我们这帮学生一股莫名的信心和动力，相信只要努力，我国的油脂科学的未来将会越来越辉煌！

作为早期海归博士，刘复光教授的英语精湛而熟练，在美国有一定的人脉资源，平时更注重广为联系国际学术界友人。改革开放后，先生多次出国考察、访问、学术交流、探望亲友，他充分利用这些便利条件和书信来往等渠道，为青年教师出国进修、做访问学者或攻读博士牵线搭桥。还为学校中其他学科的青年教师、有条件留学的学子出国留学出谋划策，促使一批中青年骨干人才赴美国或加拿大等国留学或攻读博士学位，他为培养与国际接轨的年轻学术接班人尽心尽力。

“文革”后，我国高层次人才培养方面恢复了学位制度，由于恢复时间短，而各高校申报热情高、申报量大，批准设立硕士点控制严格，数量有限，批复时间长。当时，原郑州粮食学院油脂等学科能招收研究生，但没有答辩和批准授予权，郑州粮食学院的研究生们要长途跋涉到无锡轻工业学院答辩批准授予学位，很不方便，费时费力，也增加了费用，因此郑州粮食学院迫切希望国务院学位委员会早日批准授权招收硕士研究生，当时身为国务院学位委员会委员学科评议组成员的刘教授十分理解郑州粮食学院的发展需求，给予他们许多指导和帮助。

刘教授艰苦朴素，经常坚持乘坐长途客运汽车，一路颠簸去苏北产业基地，亲自下工厂、走基地。那时候他不辞辛劳全身心地投入到油脂科学中，没日没夜地忙于棉籽项目和工厂方案的论证。平时生活中，先生也习惯粗茶淡饭，对生活质量的要求极低，始终淡然置之。那时候，我们几个博士都已成家，收入很低，常在他面前抱怨生活的艰苦，他总说："生活啊，用不着高标准。我平日里吃鱼也就是吃普通鲢鱼，鲢鱼的蛋白质和其他的鱼是一样的，有什么不好……"我们顿时语塞。他就是这么一位良师，以身作则。他常常邀请我们去他家，每次先端上的是一碗盐水煮大豆、花生，这些都是常见的油料，他自己每天吃，却吃不腻。

在学术上，他对学生的要求很严格。那时候，由于学习压力，我们一帮学生有时会背着先生抽烟。他见了很生气，批评我们说："明明知道抽烟不是一个好习惯，还要抽！一个人如果小事做不来，将来肯定做不好大事！"为了让我们杜绝抽烟的坏习惯，他经常检查我们的抽屉，翻看我们的衣袋，检查有没有香烟，这也成为我们实验室的一则趣闻。刘老师生病住院后，没有人再来翻抽屉、查衣袋，但是却再也没人在实验室里抽烟了。

刘复光教授生前长期任民进无锡市主任委员，多届无锡市、江苏省政协委员，1985年起任无锡市政协副主席等职。他担任过多届民进中央委员，还是全国政协委员。他做任何事情都显示出很强的组织能力和实务推进能力，主持民主党派的工作一如主持科研项目那么重视，在无锡市统战部门中享有很高的威望，因为他为发展爱国统一战线做出重要贡献。难能可贵的是，他经常乘公交汽车到城里的市政协去参加会议，年近70岁了，同事们还能看到，刘先生一路小跑，赶着搭上开往市中心的2路公交车。

1992年年初的某一天，他在学校医院匆匆拔牙之后，本打算马不停蹄地赶往苏北产业基地，但突感不适，发烧病倒，住进了医院。不曾料想，他这次住院，便再也没能走出医院大门，再也没能亲往苏北的工厂。但是，即便是在生病期间，他也并未停下钻研学术的脚步，他的主要研究助手黄祖德和顾玉兴老师几乎每天都到医院里向先生汇报棉籽混合溶剂脱毒项目的进展，苏北工厂项目讨论会也从此挪到了先生的病床边进行。半年后，刘复光教授不幸逝世于医院。那天，我和先生的其他弟子怀着无以名状的悲痛与惋惜，将他从六楼一直抬到一楼，那一幕至今还历历在目。

刘复光教授把时间和生命都献给了中国油脂科学与工程，直到生命的最后一刻。先生离开我们二十多年了，相信他的学生、同事，甚至与他有过学术交往的政府部门、科技组织的同志都不会忘记这位油脂泰斗。一位兢兢业业的教师，一位努力勤奋的儒者，一位踏实刻苦的学者，一位爱国为民的先驱，这正是刘复光教授博学睿智竞风流的精彩闪光之处！他永远活在我们大家心中。

作者：江南大学食品学院教授、博士生导师

生命中不期而遇的芬芳
——王鸿生

谢梓湘

王鸿生教授是我的恩师，他生前曾写下一篇回忆文章《生命中不期而遇的芬芳——在许广平先生家做家教的日子》，文章回忆了鲁迅去世以后，自己在许广平先生家中担任周海婴家教的那段生活。文章写道：

约在 1947 年春天，正值国内政局动荡不安，当时我就读于上海交通大学化工系。由于我是一个孤儿，生活困难，靠着奖学金勉强度日，学习之余，我就勤工俭学，做起了家教。大二时候，同班同学唐嘉健看我勤奋朴实、上进好学，加之思想单纯，于是就介绍我到许广平先生家做家教。我当时对许先生还不是很了解，其实她经常到交大作报告的，但我不是每次都去，所以知道得不是很多。

记得第一次见面是个晴朗的下午，许先生家位于霞飞路（现在的淮海中路）霞飞坊。其时现于眼前的是一幢石库门房子，共三层；第一层为客室（即现在的客厅），二、三层为书房、卧房。许先生和我是在二楼见面的，这是我第一次这么近距离地见到许先生本人。她穿着很朴素，讲话时语调温和，非常平易近人。交谈了一会儿后，许先生对我比较满意，于是约定第二天晚上 6:00 ～ 8:00 上课。

第二天晚上我如约到了许先生家，在一楼的客室里，见到了我当时的学生——鲁迅先生和许广平先生的独子周海婴。当时海婴大概十七八岁的样子，是名中学生。因为他的身体不是很好，偶尔会因病缺课，所以许先生就找一名家庭教师来辅导他学习。我主要是辅导海婴的数学、英语，有时也会讲讲其他科目的问题。

许先生家比较简朴，家里摆设不多。印象中大门的一侧有块写有“鲁迅文集出版社”的牌匾，一进门的左手边有一排书架，上面摆放着《鲁迅文集》(1-20)，有专门的工作人员负责有关事宜。当时的许先生虽然很忙，但她还是很关心海婴的学习，常常问我一些他的学习进展情况，足见她对海婴教育的重视程度。

在许先生家做家教的日子是充实而快乐的。每天吃完晚饭，我骑车约 15 ～ 20 分钟后到许先生家去辅导海婴。当时家里有条小狗，开始每次见到我，就汪汪汪叫个不停，后来慢慢见得多了，就不叫了。当时的海婴是个清秀而又聪明的青年，除了学习文化知识外，还喜欢听音乐。他有一台收音机，偶尔有点小毛病，他就自己动手拆拆修修，常常乐在其中。当时我宿舍有个物理系的同学，他经常教我一些收音机修理的知识，因此我对修理也比较喜欢，所以常和他切磋，相处很是融洽。海婴曾送给我三张唱片和一本英文版的《业余无线电手册》。

家教之余，每年的节日如中秋节、端午节等，许先生都会邀我和他们一起吃饭庆祝。让我印象深刻的是一次吃饭时，许先生炒了鸡蛋，那天她兴致很高，说“他们（国民党）不让我们吃，我们偏要吃”，她这种乐观自信，直面严峻人生的勇气深深地鼓舞了我。

这样的日子一直持续到 1949 年初。当时白色恐怖日益严重，国民党加紧了对进步民主人士的迫害。有一天，我按照惯例去许先生家，发现家人不在，工作人员将一封信交给了我，信的内容大概是表谢意之类的话，还有就是说他们走了，考虑到我经济困难，一时又找不到工作，就付了五个月的工资给我。看完信之后，我怔在原地，又是留恋又是感动。从来没有人对我这么关心过，漫漫长路，不知道以后是否还有见面道谢的机会？

许多年过去了，由于我的个性不喜与人交往，一直没有和他们联系。但在我内心经常怀念他们以及那段逝去的岁月，报上有关他们的事情我都非常留意，认真阅读。许先生人品人格的伟大以及对青年一代的关心和照顾，已深深留在我的脑海里，成为记忆中一道永不褪色的风景！

接下来，请允许我用恩师文章的标题作为本文题目，回忆恩师生前的点点滴滴。2013 年 12 月 26 日，王鸿生老师驾鹤西去，安详地走完了他平凡而又闪光的 89 年人生。作为他的学生和同事，我得到了他细致入微的教诲和关怀，随后与他共事和交往，历时整整四十载。他敬业勤业、传道解惑的严师形象，他诚恳待人、儒雅慈祥的长者风范，他兴趣广泛、多才多艺的丰富人生，至今仍历历在目，难以忘怀。他的精神、学识、品质影响了我们的一生，使我们终生受益。

初识恩师

1973 年，我从上山下乡的林场进入无锡轻工业学院，成为了一位“工农兵大学生”。那时，工宣队、军宣队进驻校园，领导学校，“极左”思潮弥漫，师生之间不敢有很多交往。王老师上课之余，却总是和我们亲切交谈，嘘寒问暖，有时还来到我们的宿舍征求授课的意见和建议。

初春时节，学校安排师生去马山农场参加农业劳动。那时去马山要在河埒口码头乘船，学校没有交通工具运送师生的行李铺盖，学生们争相帮助老师。我恰好与王老师“结对”，我用一根扁担挑起两副铺盖，一头是我自己的，一头是王老师的。一路上，王老师一边道谢，一边不断叮咛我注意安全。到马山后，我又被安排与老师同宿舍，并与王老师同住一个高低床，他在下铺，我在上铺。初为学生，睡在老师上面，不免惴惴不安。睡觉时一动也不敢动，更不敢翻身，生怕引起床铺摇晃、发出声响，影响老师休息。也许王老师觉察到了这一情况，清晨起床后他对我说：“我晚上睡得很沉，加上劳动劳累，一晚上都不起夜。你初睡高低床，睡得好吗？”那时王老师已年近 50 岁，和我们一样劳动，插秧、匀田、种甘蔗，一项都不落下。还时不时提醒我们，不要干得太猛，要注意身体。

那时，教学偏重实践，我们进校后每学期都要去工厂实习。王老师作为专业老师也和我们一起到生活条件艰苦的工厂同吃、同住、同下车间。记得有一次我们住宿在满是灰尘的工厂仓库里，王老师也和我们一样，打开铺盖、席地而睡。在工厂，他常常督促我们珍惜实习机会，了解、学习机器设备的结构和部件。遇到设备解体，即要求我们仔细观察。他说：“工厂是学习机械设备的最好课堂，比在黑板上‘开机器’强多了。你们要多看多学，不懂的地方随时提问。”一次，我向王老师询问沉淀池内部结构的问题，当时糖厂正值停产维修，王老师鼓励我不要怕脏，爬进沉淀池去看、去摸。他还幽默地说：“不入虎穴，焉得虎子？”

在当时的大环境下，许多同学对外语不屑一顾。王老师则“偷偷地”对我说，英语是学习国外先进技术的钥匙，有时间要好好学啊。王老师早年在上海教会中学读书，学校用的都是英语教材，打下了扎实的英语功底，一些理化词汇，他也信手拈来。在他的影响下，我一直坚持学习英语，为以后报考研究生打下了基础。

王老师不但英语底子厚，数理化等学术基础青年时学得也十分扎实。早在 1947 年他在上海交通大学化工系做学生时，就因为勤奋好学、朴实上进、品学兼优，被鲁迅先生的夫人许广平聘为家庭教师，辅导她儿子周海婴的英语、数学等功课，历时两年。他的辅导得到了许先生的肯定，许先生也给他这位孤儿家庭般的温暖，使他深深感受到许广平先生“人品人格的伟大以及对青年一代的关心和照顾”。这些记忆深深地留在他的脑海里，成为一道永不褪色的风景。这段不同寻常的结缘成为恩师一生的精神动力。

潜心科研

1982 年，我考取了无锡轻工业学院的硕士研究生，幸运地成了王老师的“开门弟子”。

1983 年，王老师担任了国家“六五”攻关项目“提高甘蔗渗出技术”的负责人，该项目在遥远的广西百色糖厂实施攻关，我硕士论文承担了其中的部分研究任务。当时，王老师的教学科研工作分外繁忙，既要培养甘蔗制糖班和甜菜制糖班的本科学生，又要承担工厂委托的制糖工程的短训。“文革”的高校停招造成了教师“青黄不接”，王老师不仅要组织老师们开展科技攻关，而且承担了几乎所有的糖厂机械设备的教学任务。那段时间，王老师白天忙于上课，备课和科研只能在晚上进行。他把我放在生产和科研第一线去完成学业，自己经常远赴广西，到百色糖厂指导攻关项目和我的论文试验。为了节约科研经费，王老师每次赴广西都乘火车往返。那时，无锡到广西南宁乘火车需耗时 40 多小时，到南宁后还要转乘 7 个多小时汽车才能到达百色糖厂。日夜长途颠簸，王老师往往上午到达南宁，只能匆匆吃一碗米线充饥，就马不停蹄地乘汽车赶路，这样在傍晚时分可以抵达糖厂。到达后，他顾不得喝一口水，就直奔生产现场和实验室指导研究、推进项目。

在王老师的精心组织指导下，科研项目和我的硕士论文均如期顺利完成。王老师对科研报告和论文字斟句酌地推敲，连标点符号也反复修改。该研究项目得到国家组织的专家鉴定组的高度评价，获得了“轻工部科技进步三等奖”。王老师与学生们共同发表的论文还获得了 1997 年度美国农业工程协会（ASABE）会刊最佳论文奖。

在长期的教学和科研工作中，王老师凭着强烈的事业心和责任感，兢兢业业，埋头苦干，在学科建设上，特别为制糖工程的建设和发展作出了贡献。他担任轻工业部统编教材《甜菜糖厂技术装备》的主编，参与编写《食品工业大辞典》、统编教材《糖厂技术装备》第三册，并翻译了油脂、制糖等许多专业技术书籍。他还发表了《罗特赛尔渗出器在我国甜菜糖厂中使用的探讨》、《渗出法与压榨法提汁中转化速率的研究及蔗汁成分的比较》、《超声波对甜菜渗出过程影响的初步研究》等一批学术论文，他在中国制糖业中有着很高的学术地位和威望。

乐育英才

研究生毕业后我留校任教，继续跟着王老师承担制糖设备的教学和科研任务。他十分注重对青年教师的传帮带，毫无保留地把教学经验传授给我们。记得我第一次登上讲台，王老师为我做了许多准备工作：教我如何备课、做备课笔记，上课如何开场、如何写板书、如何控制上课时间和调动学生互动等等，并组织经验丰富的老教师听我试讲。在评讲中，既肯定了我好的方面，又中肯地指出不足之处，热情鼓励我大胆走上讲台。此后，他又多次亲临课堂听课、讨论改进授课中存在的问题。

作为制糖教研室的主任，王老师带领老师们团结一致、互相帮助、切磋教学科研，营造了和谐、积极、上进的学术和工作氛围。他自己则以身作则，常常挑最重的工作迎难而上。在教学环节中，带学生去工厂实习是制糖专业中最棘手的麻烦事，这可以用三个字来形容，那就是“远、难、苦”：由于糖厂大多都位于东北、西北或华南，无锡离糖厂路途遥远；那时教学经费十分有限，由于路远，经费耗去大半，师生的住宿费、实习费所剩无几，这就必须设法和厂方沟通，争取免除实习费、减免住宿费，工作难度可想而知。糖厂大多位于甘蔗或甜菜的原料中心农村，伙食单一，住宿简陋，生活单调。面对这“远、难、苦”，王老师毫不在乎，年年都带学生去工厂实习，年过 60 岁以后仍然如此。系领导担心他年事高、辛苦劳累，一再劝告他不要带实习了，他却依然如故，乐此不疲。一次，他带学生到北方一家糖厂实习，需在北京住宿转车，为了节约经费，他和学生一起入住了北京最便宜的“旅馆”——一家位于地下二层的防空洞。在王老师的榜样带动下，青年教师也不怕苦，不畏难，勇挑重担，茁壮成长。

从1950年上海交通大学毕业，到1990年退休，王老师在校园整整耕耘了40年。40年里，他矢志不渝，工作勤恳，克艰破难，乐于奉献，多次获得“无锡轻院先进工作者”、“教学优秀成果奖”等荣誉，为国家培养了大批人才，可谓桃李满天下。

余音绕梁

王老师是个不太擅长言表的人，可他心胸开阔、朴实亲和、处世达观，能严于律己、宽以待人，赢得了师生们的尊敬和赞誉。他不但在业务上精心指导后学，在生活上还给予无微不至的关怀。周末，他常常邀请我去他家“改善生活”。我爱人偕孩子来锡探亲，他也热情地邀请我们全家去做客。

他兴趣爱好广泛，喜爱足球，直到中年时期还流连于足球场，有时还会和年轻人踢上几球。他爱好音乐，不仅嗓音不错，还弹得一手好钢琴。更让人惊讶的是，他竟然很喜欢流行音乐，常常情不自禁地哼唱几句流行歌曲。印象最深的是，去王老师家做客，茶余饭后他最开心的事，就是为客人演奏几首世界名曲，记得他最喜欢弹的是《致爱丽丝》，这一刻的他，轻松惬意，那种发自内心的快乐溢于言表。

如今，王老师已驾鹤西去，可他那略带吴侬软语的上海普通话，他那浑厚磁性的嗓音，还有他的歌声和琴声，依然在我的耳边萦绕，久久不会散去。

作者：江南大学校友，原Danisco（中国）有限公司 人事总监

秉承《钱氏家乘》的楷模
——钱慈明

郭锡钧

梁溪古里的鸿声乡七房桥村，岔路口往里，是一座建造中的古式大宅。槐树缝隙处隐约可见木质梁柱，齐密的瓦架也搭建起来。当地居民热心地为来访者指路，无不自豪地说，“这里出了大人才”。这便是原名“五世同堂”的钱氏故居。从这里，走出了国学大师钱穆，中国科学院院士钱伟长、钱钟韩、钱临照、钱令希、钱逸泰、钱保功，中国工程院院士钱易、钱鸣高，还有中国科学院学部委员钱俊瑞。鸿声乡的钱氏家族共走出了10位院士、学部委员和世界级国学大师，这是绝无仅有的奇迹。我们的老师钱慈明就出生在这个英才辈出的钱氏家族。

虽然钱慈明老师长期从事党政管理工作，作为专职教师的时间不太长，可他在我们眼里，更是一位慈祥仁厚、清正廉明、一身正气的师长。我们更愿意称他为“钱老师”。自从1951年毕业于江南大学以后，钱老师一直投身于党的教育事业。他于1953年就加入了中国共产党，1952～1958年期间，在南京工学院食品工业系任助教、讲师、教学秘书。1958～1959年，受国家指派赴越南支教，他克服语言困难和异国文化鸿沟，来到越南河内第二技术学校任教，将南京工学院食品专业的教学体系和课程计划带到了越南，为越南挑起了食品与酿造人才培养的重担。据说，在越南执教期间，工作生活环境都相当简陋，但钱老师克服了种种困难，尽最大可能帮助受援方成立食品专业。由于执教成绩突出，他获得了越南国家政府友谊奖状和“胡志明”友谊奖章。

回国后，他在无锡轻工业学院任教，讲授“酿酒工艺学”等课程。他师从酿造界泰斗朱宝镛教授，陪老先生到工厂考察，得到他的真传，拥有很宽的知识面，对各种酒类的酿造工艺研究得深入透彻。他担任教学任务，总是精心准备教案，备课笔记工整隽秀。他讲课的特点是，不急不慢，严谨求实；分析问题逻辑性强，丝丝入扣。回答学生的问题时，认真细致，力求说透，有时遇到难题他便诚恳地说，这个问题待我请教过朱先生后再翔实回答。他淳朴厚道、平易近人，师生对他都很尊重。

20世纪50年代末，钱老师就开始双肩挑，担任了食品工业系党总支副书记之职，在食品学科的教学、科研和管理方面做了大量的工作，尤其重视师资队伍建设。1978年6月23日，邓小平同志与有关领导谈清华大学问题时，谈到了派遣留学生工作。1978年8月底9月初，教育部、外交部、国家科学技术委员会召开了部分驻外使馆文化参赞会议，研究落实扩大派遣留学人员工作。1979年，轻工业部部署了通过考试选拔公派留学人员的任务，当时钱老师任食工系党总支书记，他极为重视这项工作，在第一时间内发动教师们复习外语，积极报名参加轻工业部组织的英语、日语考试。当他看到发酵教研组的报名不太积极，就逐一了解教师们的外语基础水平，并主动约谈其中的几位年轻老师，鼓励他们积极争取。他说：“凡是有一定基础的老师，统统要推荐参加出国留学外语考试，哪怕系里的各项教学和科研任务再重，也要从长计议，争取往国外知名的大学派送访问学者。钱家的很多长辈和平辈都是得益于世界著名大学的培养，回国后有了很大的建树。”他还拜会校内几位资深老教授，希望他们能够利用海外学术关系，帮助联系发达国家一流大学的教授，让他们接受本校的骨干教师前往研修学习。在他的鼓励之下，汤逢教授、刘复光教授等纷纷联系了著名食品科学家张驰祥、Deo、Seibe、Shoemaker、Whitaker教授等到学校视察指导，并接受青年教师前往研修。

1983年，钱老师被任命为学校的党委书记，本着贯彻邓小平同志提出的教育要“面向现代化、面向世界、面向未来”的指示，他所领导的党委会将工作重点转移到“推动科研快速发展，加强国际学术交流，积极争取世界银行贷款，打造一流的硬件条件”。钱老师本人作为食品专业人才，在如何集中力量，建设全国一流的食品学科方面，做了深入细致的策划。80年代中期，无锡轻工业学院得以从全国诸多轻工院校中脱颖而出，得益于思路的正确和决策的到位。学校获得了价值达500万美元的精良仪器设备，并借此推动科研水平上了新的台阶。记得当年西北轻工业学院的俞院长来访时非常感慨，他说：“早先西北轻工业学院同样面临着世行贷款这一极好的机遇，可当时的校领导担心这一笔巨额贷款无法偿还，而没有勇气接受。这一下子就被无锡轻工业学院给甩到后面了。”钱老师说:“我们认为先拿下再说，学校发展了，今后就不愁还贷的问题。”事实证明，钱老师和当年的党政领导班子的决策非常英明。

钱老师从党政岗位上退下来之后，仍然关心学校的新校区建设，特别重视在学校发展过程中进一步提升内涵与实力。他利用与钱伟长教授的亲缘关系，请钱院士到校视察，开展系列讲座，畅谈上海大学推进的教学创新与改革。学校授予钱院士名誉教授称号，并将理学院命名为“钱伟长楼”，这些都与钱老师的穿针引线是分不开的。

钱老师一生中利用钱氏家族的身份，为教育事业做了许多有益的事情，可他从来没有利用自身权力和家族影响为自己和家庭谋取任何私利。他对儿子要求很严，让他在企业当了一名普通工人。他也不允许家属向学校提出任何要求，钱老师家庭比较清苦，夫人虽是粮油学科教授，可长期卧病在床，靠钱老师服侍了十几年，可他一直照顾得很好，而且始终保持着乐观心态，直至自己也病倒。他的心里只有学校的事业，他的眼里只有他人的疾苦，可唯独没有他自己。

钱氏家族至今还保留着一本民国时期编纂的《钱氏家乘》，其中翔实记载着“钱氏家训”，共635字，阐明个人、家庭、社会、国家四方面的修身养性守约及恪守公德准则，其告诫曰：为官则“执法如山，守身如玉”；交友则“救灾周急，排难解纷”。钱老师不愧是秉承《钱氏家乘》的楷模。

作者：原无锡轻工大学副校长

与显微镜相伴一生——陈锡赉

李剑芳

陈锡赉教授，是老教师中极少拥有医学学士学位的教师。新中国成立前，他毕业于东吴大学，曾任职于鞍山、北京、杭州、无锡等地的医学院校、研究所、防疫站等单位。1963年，陈教授调入无锡轻工业学院，担任食工系基础教研室主任。他曾被选为无锡市第九届人大代表和第八届政协委员。

他一生与显微镜相伴，是“食品微生物学”和“食品基础实验室”的创始人之一。我1986年到食工系工作时，就在食品基础教研室，陈锡赉是我的部门主任。我所参与的“食品微生物学”和“普通生物学”课程小组，也都是由陈老师担任组长。

陈老师主讲的课程是“食品微生物学”。他讲课突出重点，结合实际，教学效果很好，令我印象颇深。工作之余，他还主编了《食品微生物学》，该教材于1980年出版。他主编的这部全国统编教材结合专业特点，阐述精辟，条理清晰，成为很多院校食品专业食品微生物学课程教学的主要教材，也成为研究人员、工厂技术人员的重要参考书，受到业界的好评。该书曾印刷多次，使用时间达二十多年，与一般教材相比实属罕见。

陈老师还特别注重“微生物实验课”的教学，路过他实验室的同事们经常看到，陈老师穿着整洁的白大褂，气定神闲地坐在显微镜前观察食品微生物的形态，有时耐心地为微生物细胞进行染色处理。陈老师工作兢兢业业，事事亲力亲为。我来此工作时，陈老师已经五十多岁了，但带实验时每次都要亲自示范操作。对于食品生产企业遇到的一些产品质量问题，陈老师总是亲自检测分析样品，从中发现引起食品变质的微生物来源，确定应对措施。他带研究生后，对乳品微生物开展了较深入的研究，学术论文大多是围绕着乳酸菌及其他益生菌的研究与应用。陈老师经常教育年轻教师，一定要多实践、多锻炼、多吃苦。他要求年轻教师从基本功练起，包括领取药品试剂、准备实验方案、完成预备实验、最后带好实验、批改实验报告等所有的环节。对新进的年轻教师，陈老师要求他们先跟老教师随堂听课，辅带实验，试讲课程，然后才准许他们独立承担教学任务。他这种对待教学工作一丝不苟、精益求精的精神，是今天从事现代教育事业的我们所需要的，值得提倡和遵循，也是留给后人不可多得的宝贵财富。

也许因为曾经从事过医学微生物学的教学与研究，陈老师养成了很好的习惯，那就是对卫生整洁要求极其严格。当时的实验室地方狭小、设备简陋，但陈老师依旧要求实验室始终保持良好的卫生状态、井然有序，保持环境干净整洁。陈老师虽然是实验室领导，但仍然坚持自己打扫清理实验室，至今他的弟子们还保持着老先生这一优良传统。

在陈老师的带领下，食品基础教研室以勤俭节约为荣，铺张浪费为耻。实验室里一台“北京牌”冰箱使用了近三十年，他还不舍得报废。一些报废的旧仪器的零件都被他收集在抽屉里，以备日后维修所需。在他的带领下，实验室多次获得校先进实验室的荣誉。

陈老师文化积淀深厚，精通英语、日语、俄语、拉丁语等多种语言。20 世纪 80 年代初，学校招收硕士生进行面试时，要求必须有英语提问环节。平时陈老师很少与年轻人用英语交流，在一次面试过程中，陈老师突然用一口流利的英语提问，事后那些曾经的弟子、后来的同事很是惊讶，当然也很佩服。还记得，在微生物分类鉴定领域中有一本非常著名的英文工具书——《伯杰氏细菌鉴定手册》，陈老师视此书为宝贝，他在工作中经常会翻阅此书，却从不需要抱着词典对照，就像阅读中文书那么轻松。从事微生物学研究的学者都知道，微生物的属种名称是拉丁文，不好记，能看懂已属不易，要能读出声，并将单词全部拼出来，非常考验基本功，可陈老师却能记住不少食品微生物属种的拉丁文名称。

陈老师的腿脚不太方便，与同事们相比起来，上下班路上交通对陈老师而言是一种考验。与那些家住学校附近青山湾宿舍区，以及通班车的社桥老校区等地的同事相比，他的家在市中心，离学校很远，上班唯一的交通工具就是乘公交车。20 世纪七八十年代，公交线路非常少，且上班时段非常拥挤。那个时候虽然教师们不需要执行坐班制，但陈老师无论阴晴雨雪，不管春夏秋冬，每天七点半总是准时出现在办公室，一直待到下班才回家。中午常常靠自己带在身边的大饼、油条充饥，马马虎虎对付着每日的午餐。生活可以说是很简单、很清苦，可从来没有听到他抱怨过。

和许多勤勤恳恳一辈子的老师一样，陈老师并没有特别显赫的成绩和太多的光环，可他却能始终如一坚守在人才培养的第一线，认认真真做事，踏踏实实做人，为后来的年轻教师树立了榜样。我从内心尊敬他，也希望他的故事能影响到今天年轻人的人生观、价值观。

作者：江南大学食品学院教授、研究生导师

对青年教师成长“毫不留情”——童有勇

郑秋容

童有勇教授是无锡本地人，有着江南人的温润和清朗。1952 年，他从南京金陵大学毕业后，被分配到吉林大学化学系任教，在该校工作了近 30 年时间。在这段漫长的教学生涯中，他严谨治学，努力钻研，在蔡镏生、唐敖庆等知名化学家的培养指导下，奠立了扎实的理论功底，成为物理化学领域有着深厚学术造诣的专家。

童有勇曾担任全国《物理化学》编委会委员、全国《物理化学》课程统编教材主审人之一。他参与研究的科研成果曾获吉林省科技成果奖，入选全国科技大会展出。在吉林大学，他曾先后担任化学系物理化学教研室副主任、主任，在教学科研和培养青年教师等方面都取得了显著的成绩。他严谨的治学态度，独具特色的教学艺术，以及出色的工作业绩在吉林大学教职工中有口皆碑，是一位优秀的教学品牌教师，被载入吉林大学化学系的史册。

因为夫人的身体越来越不适应北方的气候，1981 年 8 月，童老师夫妻双双调回了无锡家乡，到无锡轻工业学院化工系任教。童老师曾先后担任化工系物理化学教研室主任、化工系系主任等职务。作为来自于全国重点大学一流化学学科的老教师，童有勇老师不仅资深学高，而且工作勤奋，为人正直，心胸坦荡，淡泊名利，严于律己。时至今日他虽然离开我们已经 15 年了，但他的品格风范一直影响着一代青年教师和历届学生。作为当年得到他亲自指导、言传身教的青年教师，对他生平的细微点滴、一言一行仍记忆犹新。

关爱教师，悉心培养

20 世纪 80 年代初，我们党拨乱反正，重新确立了正确的发展方向，高等教育发展面临着新的大好时期。1982 年春天，一大批全国重点院校的优秀毕业生被分配到无锡轻工大学，我们 4 位来自北京大学、吉林大学、厦门大学等名校的新教师，进入物理化学教研室任教。

一踏进物理化学教研室，童老师就“毫不留情”地将我们带入物理化学实验室，进行实验动手能力考核，他要求我们独立操作仪器，并进行现场点评。对一些细小的操作细节，诸如容量瓶怎么定容，广口瓶瓶盖怎么放，他都“不放过”；对为何要进行雷诺校正，雷诺校正的原理是什么，他也一一考核把关。事隔30多年，当年的情景我们至今仍记忆犹新。而后童老师要求我们每人设计一个新实验，并提出随堂听课一年的要求。在跟随童老师听课的这一年中，我们深受他严谨的教学态度和精湛的教学艺术的指导和熏陶，理论功底和实验技能都有了很大提高，为我们成长为一名合格教师打下了良好的基础。童老师重视教研室、实验室的建设以及青年教师的培养提高，在他的严格要求下，物理化学教研室形成了一套培养制度，呈现出新的风气，新教师的成长有了一个良好的平台。当年得到童老师悉心培养的青年教师，后来都成了教学科研骨干，业务水平和教学效果不断提高，有的教师多次获得省部级教学成果奖。

严谨治学，精益求精

童老师虽然是一名经验丰富的资深教师，但他在教学上总是精益求精，不断探索进取。物理化学是一门很难教授的课程，它是在物理和化学两大学科基础上交叉而成的，以丰富的化学现象与体系为研究对象，大量采纳物理学最新成就和实验方法学进行探索、归纳和诠释。对这样一门课程，童老师的高明之处在于，能够从理论体系的高度概括物理化学的重要论点，又能结合实际对具体的知识点予以剖析和诠释。尽管他已在物理化学的讲坛上站了30多年，对教学内容已经烂熟于心，但他仍然课前一丝不苟地准备教案，上好每一堂课。许多跟童老师有过工作接触的老师都记得他的独特习惯：假如第二天有课，不论谁前一天晚上欲上门找他谈事，一定会被婉言谢绝，拒之门外。不过，只要第二天没有课堂教学任务，工作、学习、业务方面的问题，只要同事或学生前去请教，他一定会认真细心解答。从这个细节可以看出他的认真与敬业，对待工作从不懈怠、从不敷衍，对待每一堂课都那么慎重严谨。今天，又有多少人能够做到这一点？

严格要求，循循善诱

童老师十分重视教书育人，擅长将育人道理潜移默化地渗透于科学知识的传授之中，对学生既严格要求，又循循善诱，深受学生敬爱。他知识渊博，勤于思辨，见多识广，挥洒自如，善于将人生的哲理融化于课堂教育之中，他的课堂教学很独特，善于将抽象的理论通过人们熟知的常识和生动的语言加以诠释，深入浅出，听他的课真是一种享受，给人“润物细无声”的感觉。童老师精湛的教学艺术深受师生赞誉，被誉为无锡轻工业学院的“金牌教师”，每年各系都争相聘任他教授本系的物理化学课程，而化工系的学生自然“近水楼台先得月”，以能够亲聆他的教诲为幸事。

童老师虽然温和，但对学生却要求严格，他主讲的物理化学是一门难度较大的课程，不及格率往往比较高，有的学生背后悄悄称他“杀手”。但童老师却绝不会因此降低课程的考试标准，而且经常用“严师出高徒”、“狼孩”、“近朱者赤、近墨者黑”等典故，来激励学生努力学习。他宁可耗费自己的时间和精力，通过加强质疑、答疑、面对面辅导等手段，督促学生深入理解，弄清原理。对前来提问的学生，他总是热情接待，耐心讲解，直到学生彻底明白为止。

廉洁清正，公私分明

童老师为人坦荡，严于律己，公私分明，为我们树立了很好的榜样。当年，由于批改作业的需要，学院给每位教师配备了一个计算器。当时计算器价格相当于一个教师半月的工资，而电池也由学院办公费用支出。教师所配计算器电池用完后，可随时去学院领取。童老师每次领电池时，总是将旧电池交回，这种不经意的自觉行为，为同事们起到了很好的样板作用。童老师退休时，他还主动将使用多年的计算器交回了教研室。事情虽小，却彰显了童老师无私博大的胸怀。

有时童老师家里需要一点氨水或者酒精之类廉价的化学试剂，虽然实验室里这些化学物品信手可拈，但童老师从不随意捎带，宁可自己掏钱到化学用品商店购买，而不向实验室伸手。

建言献策，勇于担当

童老师不仅襟怀坦荡，为人正直，还有着很强的知识分子的社会责任感和使命感。他多年担任无锡市政协委员、民盟无锡市委副主委、校民盟支部主委等职务，努力发挥参政议政作用，积极提出各种建设性意见。他觉得教育是关系到民族兴衰的大事，而当时国家对教育投入严重不足，他认为有必要通过每年的“两会”等参政议政渠道提出增加教育投入的建议。20 世纪 90 年代初还没有网络，许多资料信息也不像现在这么公开透明，苦于没有足够的数据资料，为了做到以理服人，童老师连续几周抽空钻进图书馆，通过各种报纸杂志查阅资料，梳理出历年中国教育经费所占 GDP 总量的比重，以及当时经济发展状况与中国相近的印度等国的教育经费投入情况，并制成直观的图表进行比较。他郑重地将这一“研究成果”交给校党委，并利用政协委员这一参政议政渠道，向上级部门积极建言献策，呼吁加大教育投入所占的比重。

童老师个性鲜明，对以权谋私等腐败不廉现象深恶痛绝，他针砭时弊尖锐犀利、毫不留情，在重大政治关头，他坚定不移地与党站在一起，体现了与共产党“肝胆相照，荣辱与共”的深厚感情。

转眼间，童老师已离开我们 15 年了，当年他对青年教师的言传身教，宛如春风化雨，对我们治学修业产生了潜移默化的重要影响，对我们做人做事直接起到了榜样作用。如今，我们这些当年受过童老师传道授业解惑的青年教师也临近退休，即将完成教书育人的使命，但童老师的名师风范不仅在我们心中长存，且愿通过《良师铁闻》的出版，让先师优良的师德师风代代传承，成为江南大学发展历程中最宝贵的精神财富。

作者：江南大学化工学院副教授

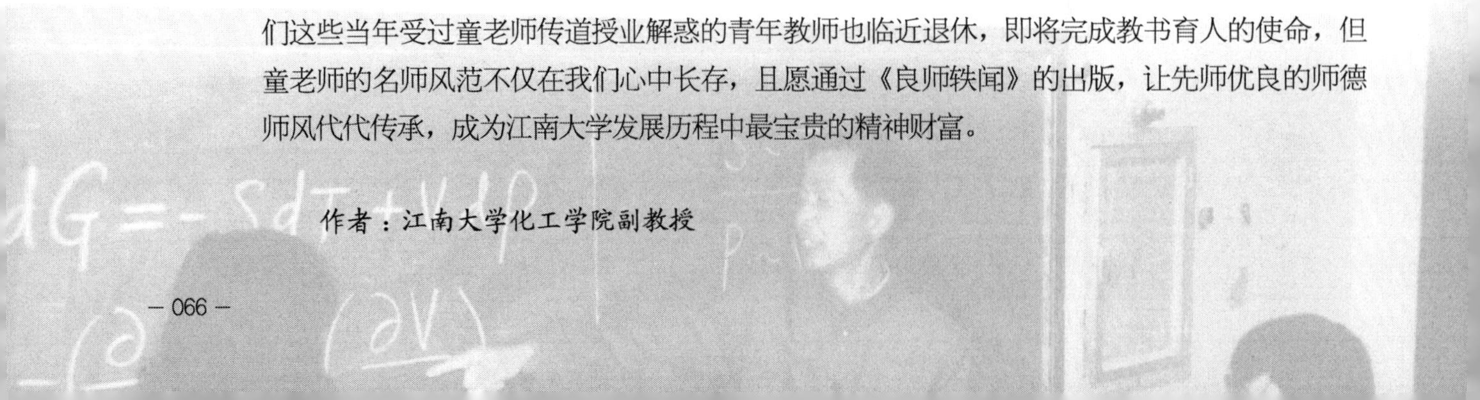

戊醇有多少种同分异构体
——华静娟

王武

趴在工厂宿舍的草席上也能布置习题

“戊醇有多少种同分异构体？”这并非课堂上的提问，而是下厂实习期间，华静娟老师席地坐在工厂临时宿舍的草席上，为学生布置的知识游戏。今天回想起来，步入大学校门整整40周年，求学期间老师的形象依然历历在目。包括华静娟老师在内，当年的诸多良师并无教授头衔，可他们个个是业务尖子。“文革”尚未结束，学校开始招收工农兵学员，教师们被压抑了多年的学术期盼与育人情结被激化，他们的聪明才智和精力能量开始释放。

记得那时候学校就非常重视实践教学，教师和学生被组织成若干个“小分队”，分别到不同的发酵工厂去实习，同吃、同住、同劳动，朝夕相处，形影不离。师生关系非常融洽，传道解惑在不经意间进行，知识技能在劳动中传授。晚间是大家最自由、最开心的时段，没有电视、没有手机、没有电脑，可很少有人打牌，同学们不是伏案认真整理白天记录的车间工艺流程和生产设备的测绘数据，就是忙着准备实习报告。有的同学甚至偷看顾国贤老师的笔记本，只为摘录其中记录的宝贵专业知识。听老师讲解发酵工艺原理，尤其是听华静娟老师结合下车间的观摩考察活动，阐释发酵生产各环节的化学原理，可谓受益匪浅，终生难忘。

下厂前，我们刚刚学到有机化合物的同分异构现象，并知道通过梭状芽胞杆菌发酵，可以生产出丙酮和正丁醇(丁醇的同分异构体之一)。那时的我趴在工厂宿舍的草席上，突发兴趣，想练就火眼金睛，一眼就能揣摩出某种有机化合物是否有同分异构现象，甚至分析出它该有多少种同分异构体。华静娟老师对我的兴趣高度重视，随即出了一道题：“猜猜看，戊醇有多少种同分异构体？”经历了四年多“面朝黄土背朝天”的插队农耕生涯，任何一类不经意的知识传授，对我而言都是一种精神馈赠。接到这个题目，我立即趴在草席上写写画画，很快就画出了戊醇的九种同分异构体结构式。华静娟老师一把抢过草稿纸，细细检查后，充分予以了肯定。这让原先没有多少化学基础的我，因得到华老师的鼓励而倍加努力。

她把碘法测定淀粉的化学原理讲得易懂好记

华静娟老师是上海人，出身书香世家，1952 年大学毕业后，来到南京工学院食品工业系有机组任教。1958 年，随着南京工学院食品工业系的整建制迁移，她来到了无锡，成为无锡轻工业学院的有机化学教师。谁都知道，“有机化学”既不好讲，也不易懂。那时的她虽然才 40 出头，可已经成为有机组的业务尖子。学生们都知道，华静娟老师的课讲得好，杨荣珍老师的实验带得好。不像有些南方出生的老师讲话往往带着浓厚的乡音，让北方来的学子叫苦不迭。华老师上课时几乎没有多余的话，口齿清楚、重点突出、知识点多、信息量大、归纳到位；她的教案总是清清爽爽，提纲挈领，看得出只有将有机化学知识烂熟于心之后，上课才能字字珠玑，口吐兰香，引人入胜。有机化合物的结构式更需要默记于心，信手拈来，随笔画出。华老师的板书虽说谈不上达到神清骨竦的境界，可也称得上大方隽雅，一望便知出自大家闺秀之手。今天的老师，大都靠 PPT 课件教学，不再采用现场板书的方式来讲解那些繁复的化学结构和反应式，已经少有这等功力。

含淀粉的生物质是最主要的发酵原料，华老师的“有机化学”课紧紧扣住发酵生产实践而展开，还记得她介绍发酵过程中采用的碘法测定淀粉的原理时，随着她那纤细精瘦的手指在黑板上飞快地滑动，很快地，她画出了直链淀粉分子的微观结构。借助分子内氢键力，每 6 个葡萄糖单元盘旋一圈，顺势而绕，成为一个长长的中空柱状体。这时加入碘酒，碘分子便钻入柱状体中空缝隙内，与直链淀粉分子发生络合，这种络合物比较均匀地吸收除蓝光以外的其他可见光（波长范围为 400 ～ 750 纳米），从而使吸收了碘的淀粉分子呈现深蓝色。我在课堂上提问：那么直链淀粉分子的链长缩短至多少，可使蓝色反应消失？那时她告诉我们：“不存在非常精确的数据，因为淀粉样品中每个分子的链长不可能整齐划一，颜色反应的比色结果只是相对的数据，这也反映出有机化学与无机化学的不同。”

她开始在高等教育行政职位上崭露头角

随着国家的改革开放的推进，高等教育迎来了真正的春天。正是在中国大学步入正常轨道的过程中，华静娟老师的教书育人业绩和教育管理能力得到学校高度认可。她历任有机组负责人，食工系副主任、化工系副主任、教务处副处长、化工系主任等职务。1981 年起进入无锡轻工业学院的校级领导班子，任副校长主抓教学与科研。1983 ～ 1988 年，华老师担任了无锡轻工业学院行政一把手。在那一时期，国内大学的女教师逐渐崭露头角，她们中的精英在高等教育行政职位上逐渐有所作为。记得若干年前平面媒体上曾有过一段报道：“……不仅如此，女教师在担任行政职位上也取得了一些进展。最明显的是，这一时期有一些女性担任了大学校长职务，如谢希德担任复旦大学校长、韦钰担任东南大学校长、吴启迪担任同济大学校长、郑树担任浙江医科大学校长、华静娟担任无锡轻工业学院（现无锡轻工大学）院长、蔡兰担任江苏理工大学（现江苏大学）校长，等等。需注意的是，她们担任校长的学校大多是我国一流的大学，这几位都是学习理工科和医科的，且多数曾在国外留学过。从地理分布上看，都在江苏、浙江、上海这一区域，可能与这个区域女性的教育程度较高、社会参与能力强，人们比较能接受女性担任高校领导职位有关……”

中国高等教育步入正常轨道后，无锡轻工业学院的国际交流活动相对活跃。20 世纪 80 年代初期，由轻工业部派送出国的留学人员中，来自本校的教师占了所有名额的 2/3 以上。他们学成回国后，带来了学校国际交流的热潮。华静娟院长非常重用这些海外留学人员，组织他们参加了申请世界银行第二批大学贷款项目，要打好高级仪器设备的翻身仗。美、英、日等国的学术泰斗和大师纷纷前来访问交流。记得当时由日本北海道大学的著名微生物学家高尾彰一教授组织的日本微生物学界、工业发酵界著名学者访问团来访，他们非常惊讶地发现，出面接待他们的省、市、校三个层面的领导都是女性，其中有江苏省省长顾秀莲、无锡市副市长夏秀英，无锡轻工业学院院长华静娟。很有意思的是，日本教授提出一个所谓困惑不解的问题：“这是江苏特有的现象，还是中国普遍的现象？”一位日本教授与我私下交流说：在日本很难找到像你们的华院长这样有气度的大学女校长。

出身化学专业，却大力促就食品学科的提升

20 世纪 80 年代中期，正值华静娟院长担任学校行政一把手，任职期间，她极为重视食品学科的建设。分析了学科主脉沿革关系，总结了食品学科对国计民生的重要作用之后，她下定决心，在世界银行贷款项目建成后，再次集中有限的资源与财力，重点扶持食品学科的发展。那一时期，国家百废待兴，学校也面临着申报国家重点学科的大好机遇，究竟如何申报？如何争取才能一炮打响？华院长组织相关学科的教授和骨干展开了大讨论，原先的计划是将发酵学科归于食品学科的麾下，组装成一个较大的盘子，争取一气拿下。食品学科和发酵学科的学术骨干们摩拳擦掌，双方争执不下，食品学科的骨干们当然希望将发酵学科揉入大食品，可发酵学科的“四大金刚”（四个教研组主任：诸葛健、全文海、顾国贤、吴佩琮）却牛气冲天，顾国贤老师开了第一炮，提出应该由食品学科和发酵学科分别单独申报，此建议竟然得到发酵学科骨干们的一致拥护。华院长本来出身化学，可她深明大义，以食品学科为重点，大力推进其实力和影响力的提升；后来她也成了“食品科学与工程”学位点的硕士研究生导师。届时她并没有打压发酵学科的激情，而是放手让两个强势学科相互竞争。结果以发酵工程系主任伦世仪教授领衔的团队全力以赴，在北京通过了答辩，于1988年成功地争取到全校第一个，也是国家第一个“工业发酵”重点学科点。

时隔十多年，她的音容笑貌依然栩栩如生

最令人扼腕心痛的是，华静娟老师在离休后不久患上了肺癌。那是20世纪90年代中期的事，当时国内的医疗检测水平尚不够先进，况且肺癌这种恶症往往是在病患后期才会出现明显不适与体征变化。当华静娟老师被诊断出肺癌为时已晚，癌细胞转移到了淋巴、骨骼等组织。对她这样的人物是没有必要隐瞒的，她平静地接受了这一残酷的现实，但乐观坚强的她对自己的康复仍然抱有信心。可她的病让学生们很揪心，分配在外地的关门弟子金青哲专程赶来看望，弟子们四处打听秘方偏方，期盼着有朝一日出现奇迹。可是，癌魔还是夺走了她的生命，享年仅仅66岁。记得病中的她，思维依然敏捷清晰，谈吐依然书卷气十足，只是本来就很单薄的身形变得更加瘦弱。每次病榻前的看望，对弟子而言都是一种精神折磨。就在无锡轻工大学庆祝东迁无锡独立建校40周年的前一年，她永远地离开了这所她为之奉献了40余载的大学，离开了热爱她的亲人、同事和学生们。

时隔十多年，她的音容笑貌依然栩栩如生。眼下“江南大学文化书系”编委会邀约撰写《良师轶闻》，谨以仓促成文的一段回忆作为响应。但愿收集到的良师轶闻能够勾起后人对一批良师益友的怀念和崇敬。

作者：江南大学生物工程学院教授、博士生导师，原江南大学副校长

一曲纯正的《红莓花儿开》——王文生

陈锦权　于德华

每当想起我们的导师王文生老师，就感到特别亲切，感恩之情油然而生。2013 年，他以 82 岁高龄驾鹤西归，但他的音容笑貌仍久久萦绕在我们眼前，他那一曲纯正的俄语民歌《红莓花儿开》仍然回响在我们耳边。

王文生老师是 20 世纪 50 年代初从南京工学院毕业后留校任教的。由于各方面的表现都很优秀，他被学校推荐为留学苏联的研究生人选。经过一年时间的俄语培训，他终于踏上了由北京开往莫斯科的火车。历时近十天，他辗转来到苏联莫斯科食品工业学院，攻读制糖专业的研究生。三年多的留学生活，使他在食品工程、制糖工程方面掌握了大量的理论知识和技能，俄语水平也飞速提高。留学期间，他潜心进行甜菜制糖方面的专题研究，顺利完成了研究生课业，获得了副博士学位。学成回国后，王老师随着南京工学院食品工业系搬迁到无锡，参与创办无锡轻工业学院，并在食品工程系任讲师、副教授、教授，直至退休。

王老师是国内甜菜制糖领域的权威，他将苏联的制糖技术继续发扬光大，和几位同事一起白手起家创办了制糖工程专业。在相当长的一段时间内，无锡轻工业学院的制糖专业办得风生水起，不仅培养出一大批本科生、研究生，朝鲜人民共和国还派来了多位大学教师来此进修学习。王老师的学术水平在业界享有很高的名望，他主编过多本制糖专业的教材、手册、专业词典；主持完成了好几项食品、制糖的攻关项目。在他 40 年的教书生涯中，先后为本科生主讲过“食品生产工艺学”、“制糖工艺学”等十几门课程，深受学生的欢迎。

当年，有很多学子就是冲着他的名气前来报考研究生的。1986年，我们考入了当时已很有名气的无锡轻工业学院，有幸成为了王文生老师的弟子，在他门下攻读硕士学位。在王老师身边，我们度过了令人难忘的三年时光。当年，听王老师讲课就是一种享受。他的教学内容丰富、娴熟，上课过程如行云流水一气呵成，科学道理深入浅出，特别容易理解和接受。王老师是常熟人，他那略带常熟口音的普通话，让人感到很是亲切；他的嗓音醇厚，吐字清晰，上课效果深得学生好评，我们折服于他严谨又幽默的风格，特别欣赏他轻松的上课风格。现在想来，这应是有很好的教学功底才能达到的境界，是在他的敬业精神下长期积累的心血所成。

当年，王文生老师是食品工程系主任兼学校党委委员，大量行政事务占用了他很多时间。然而，无论多忙，他总要挤出时间到实验室，关心和指导我们的科学研究，和我们一起讨论实验方案。王文生老师的一大特点就是让学生充分发挥，尊重学生意见，并鼓励学生根据自己的想法去做。这使我们得以充分利用实验室的平台，真正提升自己的独立思考能力与动手能力，对我们日后的工作帮助极大。与此同时，王老师还是个严慈相济、和蔼可亲的人，学习上严格要求治学严谨，生活上对学生关怀备至。在他的指导下，我们不仅顺利地完成了学业，还在三年中，受到他严于律己、宽以待人的品格熏陶，在潜移默化中学到了做人的道理，这让我们在毕业后的人生道路上受益匪浅。

除了在学习上对我们精心指导，王老师也极其重视学生的道德品质教育，每每强调做人要德才兼备。记得有一年暑假，我们因参与生产单位的研发项目，没有办理请假手续，开学时延期归校。按照学籍规定，这是很严重的违纪行为，必须受到记过处分。我们原以为作为系主任的学生可以通融，免受惩罚，但王老师说：“正因为你们是我的学生，违反纪律更应该按照校规处理，这样你们才能吸取教训！”最后，我们还是口服心服地接受了处分。后来，因为我们帮助其他实验室扑灭了大火，才撤销了原先的处分。现在回想起这一切，王老师当时对我们的秉公处理是正确的，没有宽纵，没有敷衍，让我们懂得在人生的任何阶段都要严于律己、遵纪守法。25 年过去了，在毕业后的岁月里，我们的人生之路能够走得如此顺利，在某种程度上与这一次的教训不无关系。

作为王老师的弟子，他传承给我们可贵的精神财富还不止这些。记得一年元旦之夜，我们几个人正在实验室里忙着科研任务。就在这时，王老师摸黑来到了实验室向我们祝福新年快乐，那一刻我们真是喜出望外，气氛一下子活跃起来了。他对大家嘘寒问暖，也应大家要求，聊起了他在苏联留学时的经历，我们至今仍记忆犹新。作为一位留苏学者、知名教授和行政领导，他对学生总是这么和蔼可亲。不仅如此，王老师还是个多才多艺的人，不仅讲得一口流利的俄语，还唱得一口纯正的俄语歌曲。在一次聚会上，他的一首纯正的俄语民歌《红莓花儿开》，让所有的人为之倾倒，他自己也仿佛在歌声中回到了留学苏联的青春岁月。那一刻的美好情景永久定格，深深地印刻在我们的记忆中。

工作繁忙的王老师，因劳累过度，就在我们毕业前三个月时，突发心脏病倒下了。严重的心肌梗死差点夺去了他的生命，医院的几次病危通知让我们一次又一次地感受到生命的脆弱。在陪伴他与疾病抗争的那段时间里，我们师生之间的情谊愈加深厚。最终王老师以顽强的生命力战胜了病魔，并在我们毕业前夕顺利出院。尚未等身体完全康复，他不顾病体虚弱，亲自修改我们的论文，并全程参加我们的论文答辩。为了让我们能够顺利毕业，他付出了超乎寻常的努力和心血，这使我们感动不已，铭记在心。在毕业后的很多年里，每当谈起此事，每当看到我们毕业答辩时与王老师的合影，心中总是感慨万千。

毕业以后，因为两地相隔，我们回母校的机会不多。2012 年 11 月，母校组织了首十届研究生毕业生大聚会。当从学校发来的邀请信中看到王文生老师熟悉的签名时，我们十分激动，仿佛听到了王老师内心的召唤。回到母校后，见到校园里翻天覆地的变化，看到母校发展得风生水起，综合实力不断攀升，我们从心底里感到高兴。看到当年的老师们一切都好，过着平静安详的生活，我们更是高兴！二三十年之后，师生重聚，畅谈甚欢，既亲切，又幸福！此时此刻，我们再一次感受到母校给予我们的温暖，我们也承诺要常回去看看。

不曾料想，2013 年 6 月的一天，我们突然得到王老师病重的消息。等我们匆匆赶到无锡医院，只能在 ICU 病房隔着玻璃窗见到老师。当时，虽然无法用语言交流，但他还能向我们挥手致意。看到他病情有所好转，我们比较宽慰，各自又回到自己的工作岗位。谁知几天后噩耗传来，王老师竟然永远地离开了我们！每每想起，都会心痛不已。虽然王老师永远告别了我们，但他的音容笑貌时常在我们眼前浮现。他乐观向上，宽容大度，为人正直，和蔼可亲的形象，将永远留在他众多的学生心中，我们会永远怀念他。

作者：

陈锦权，福建农林大学教授、博士生导师

于德华，江南大学校友会厦门分会副会长

他的"严苛"让你当面掉眼泪——刘当慧

徐学明

最近，学校组织编写《良师轶闻》一书，汇编已经故去的老教师在教书育人生涯中的点滴轶趣。回想起我们的导师刘当慧教授离开我们整整十年了，他也是个有故事的、令人难忘的先师。每当我们这些弟子或他的属下碰面叙旧时，依然对他务实的科研态度、卓识的创新精神、严谨的师德师风和独特的人格魅力啧啧称道。于是乎，当年刘教授科研团队的八九位弟子和同事们再次围坐在一起，回忆起他的生前轶事，很多印象依然历历在目。

刘老师个头中等，身高1.7米左右，体重不超过65公斤，他的眼睛高度近视，脸上总戴着一副黑框大眼镜。他是镇江人，总说着一口带着镇江口音的普通话。动作敏捷，是他留给人的深刻印象。很多事情他都亲力亲为，而且做事雷厉风行。有意思的是，他不喜欢和人聊天，平时走路常常低头思考，且走得很快，不太注意与人打招呼，加上视力又不太好，所以在校内认识的人似乎不多。也许这些特点反而使得他更加专注于教学与研究，一心一意地投入到饲料科技领域之中。

20世纪80年代，我国饲料工业进入快速发展期，对于一个人口大国而言，综合开发利用农产加工的剩余资源意义重大。刘老师很早就把眼光投向油脂工业的副产物——植物蛋白。为了充分利用棉籽饼（粕）与菜籽饼（粕）这类带有一定有毒成分的蛋白资源，他提出了与他人的脱毒处理不尽相同的思路。通过多次到饲料生产第一线和农村调研和一定的预实验研究后，刘老师提出先解决脱壳问题。他的理由归纳起来主要有四点：一是，粗粕中含有一定量的籽壳，脱壳不仅可以脱去一部分毒素，而且可以改善这些原料适口性差的缺点，有利于提高利用率；二是，我国传统养殖业使用棉籽饼（粕）、菜籽饼（粕）养猪、养鱼，已经有着相当长的历史，没有发现饲养动物成批发生中毒的情况；三是，全国棉籽饼（粕）、菜籽饼（粕）

的总产量远远不能满足养殖业的需要，如果在预混合饲料中按照科学配方，限量添加这些粕蛋白原料，也能达到充分利用的目的；四是，产学研合作项目必须要考虑成本问题，按照最合理的思路、最经济的手段来解决饲料配方势在必行。刘老师的这种科学务实、很接地气的研发思路和技术取向，为我国棉、菜籽饼粕的合理利用起到了指导作用。

作为国家恢复高考后原无锡轻工业学院中最资深的研究生导师之一，刘老师一生一共只带过10位研究生，他的原则是宁缺毋滥。20年前，在粮油工程系，甚至整个无锡轻工业学院的研究生圈内，我们的这位导师出名的“严”，大家都知道做他的研究生很“苦”。其实，作为他的嫡系弟子的我们，对他的“严”和自身的“苦”，却有另外一番感受。他在讨论研究生论文思路时，非常注重实验方法设计，指出不是越繁复越好，而是越简单有效，则结果越令人满意。事实上，把复杂的事做简单，就是一种难得的高明。有时师生之间几经讨论后，学生的思路尚未厘清，他会说“你怎么拎不清”；若实验设计与主题不太贴切，或有时有故弄玄虚之嫌，他就会批评“你这是隔靴搔痒”，接受耳提面命的学生一定感到如雷贯耳，不敢再随意造次。

他的严苛还表现在对学生实验结果的评判。刘老师对我们在实验室研究的时间没有具体规定，但他会定期拿着你的实验原始记录，与你讨论课题进展，如果你在宝贵的科研期间，放纵了他给你的“自由”，有时他会拿起你的记录本猛敲办公桌，那架势会让你当着他的面直掉眼泪。至于说苦，那就是他的大多数学生在做论文阶段，都要到企业或养殖场呆上2～3个月。有意思的是，明明是因为我们论文研究的需要，求人家企业给予我们参加生产实践的机会，但刘老师向企业介绍我们时，总将我们描绘成某个方面的专家，让我们去企业是为了解决生产中的技术问题，为企业开展科技服务。他给我们戴的这种“高帽子”，既使我们感到了压力，也使我们在企业享受到了专家待遇——吃好、住好。有时，企业方人士还陪我们观赏当地的名胜，使我们在紧张的科研之余，身心得到放松和调整。

刘老师不但是那个年代我国饲料界的学术权威，还是当时为数不多的“校办工厂负责人”之一。1989年，由他牵头创办的“预混合饲料厂”是国内高校同行中最早兴办的校办企业，也是江苏省最早的“配合饲料”生产企业。刘老师的企业每年创收100多万元，且持续发展10余年。这在当年学校的科研总经费不高的情况下，起到了一定支撑作用。对刘老师的科研团队而言，不仅大家津贴水平得到提高，更重要的是，为我们深入开展饲料科学研究及行业技术交流活动提供了充足的经费来源，并因此扩大了当时无锡轻工业学院在全国饲料行业的知名度，以及在国家有关部门的影响力。

作为一个学术权威和业界精英，刘老师始终强调社会责任是科研开发的前提。美国至今还能使用的“瘦肉精——盐酸克伦特罗”，在20世纪90年代初以一种“神奇”的添加剂的身份，引起国内饲料企业的兴趣。刘老师当时对这种添加剂也很敏感，深知它潜在的商业价值，他指示团队成员王晞东老师开展一系列的调研，当得知这类药物对提高瘦肉比的有效剂量与造成食用者中毒的剂量水平非常接近时，他表现得很警觉。他的结论是：猪对该药物的耐受水平比人类高出很多，动物胴体的药物残留足以使人体中毒是一个不争的事实。考虑到我国养殖业很难严格执行停药期规定等，刘老师从食品安全的大局出发，断然放弃了开发“瘦肉精”的科研计划，还告诫我们千万不要帮助企业开发这类产品，呼吁叫停此类项目。这种道德感和社会责任感至今受到业界人士追忆和敬重。2002 年，我国终于正式立法，规定禁止将盐酸克伦特罗作为饲料添加剂使用。

刘老师对工作全身心投入，科研成果丰厚，这些都有口皆碑，可并非人人都知道他还非常廉洁清正。他的科研经费多，这在学校里也是出了名的，可是平时出差，他却舍不得乘出租车，也不叫弟子们去车站接他。记得 90 年代，他已年近古稀，还经常见到他出门挤公交车。学校的一位老师曾回忆起这样一件事：有一天刘老师从青山湾 2 路公交站下车，背着两大包科研用的原材料，本来就已微驼的背显得更驼了。他走到学校后门口时，一位校领导正好碰见，就劝他：“老刘，你有那么多科研经费，为何不打个车回来？况且还有这么重的行李包。”刘老师说：“2 路车从火车站到青山湾，不必换车，很方便的，我也就走这么几分钟的路，习惯了，没必要叫出租车。”此时正值下班时间，在一旁听到对话的年轻老师很是感动，当他得知这位就是鼎鼎大名的“饲料大王”刘当慧老师，更是惊讶不已。

作为一名资深教授，刘老师在三尺讲台耕耘了几十年，他的课之所以受到学生们的欢迎，不仅取决于他敏捷的思维、风趣的语言和丰富的理论联系实际的经历，更重要的是，他对传道授业的敬畏态度。他的同事和学生中大多数人都记得他讲过这样一句话：“我虽然是个老教师了，但如果明天有课，那今天晚上我就睡不好觉。”

正是这种一贯如一的、严谨敬业的态度，再加上一有任务就睡不好觉、过于执拗专注的“坏习惯”，使他过早离开了一生挚爱的讲台和实验室。1999 年 10 月 27 日，为饲料工业界举办科技培训班时，刘教授正在培训现场无锡太湖花园酒店为学员们讲授“饲料发展前沿动态”，因突发脑溢血倒在了授课现场，虽经抢救脱离了生命危险，却从此告别了他挚爱的讲台。此后，我们再也听不到他用略带镇江口音的普通话指导我们的学业。四年多以后，我们敬爱的恩师永远地离开了我们，但他的音容笑貌却与我们的记忆长期共存。

作者：江南大学食品学院副院长、教授、博士生导师

发酵学科“四大金刚”之一
——全文海

田亚平

2013年的秋日，再一次见到引领我步入教师队伍的全文海老师之时，可叹已是在烛光下先生的灵堂前。此情此景，不免感怀岁月犹如逝川，一去不复返。尽管，许多往事会随着时日的流逝而渐渐淡忘，可有些记忆就如盘根错节的树根一样，深深地扎在了我的心田，至今仍历历在目，感悟至深。

学校当年的发酵工程系有四个教研组——生物化学、微生物学、酿酒工艺和发酵设备。四位主任各负责建设并主持相应的学科方向，他们个个业务一流，气壮如牛，在学术上具有很高的造诣和威望，曾被戏称为“四大金刚”。全老师时任“生物化学”教研室主任，是大名鼎鼎的“四大金刚”之一，他教授的“生物化学”这门课是教学计划中的重点课程。改革开放恢复高考后，生物化学课程需要全面建设，全老师虚心向北京大学、南京大学的同行求教，反复研读学术权威编著的生物化学教材，并组织教师编写适合工科本科生用的新教材。1985年我毕业留校，被分配到生化教研室，从助教做起，带实验，先后担任委培班、专科班、本科班“生物化学”课程及研究生“生化分离技术”课程的教学任务，逐渐融入科研团队，期间穿插读硕攻博，仔细回想起来，在我成长过程中，得到过许多老教师的关心、指点、教诲和帮助，其中对我影响最大的就是全老师。全老师的为人风范、治学态度，在耳濡目染中对我起着潜移默化的作用。

古语云“授人以鱼，不如授人以渔”，说的是送人以鱼，不如传授给人以捕鱼的技能。同样的道理，教授给人知识，更重要的是传授学习知识的方法。道理其实很简单，一条鱼能解一时之饥，却不能解长久之饥，如果想永远有鱼吃，那就要学会捕鱼的方法。教育，也是这样。一个好的教师，不但要给学生以知识，还要教会他们如何学习。正如联合国教科文组织指出的那样：今后的文盲将不再是不识字的人，而是不会自学和学了知识不会应用的人。“授人以渔”这个道理全老师常常说起，并以自己的言传身教，给当时的我和许多年轻老师树立了“为人师”的榜样。

记得我做助教时，听过全老师给学生上的第一堂生物化学课程，印象极为深刻。他紧紧把握住教学重点和关键，充分调动同学们主动学习的积极性，在授课的点滴过程中，巧妙地传达给学生一些好的学习方法。首先，全老师给同学们指出生物化学中的化学共性，接着比较各自的个性，自然而然，学生就对生物化学这门学科有了清晰明朗的第一认识，也学会了运用“比较法”来学习和掌握知识。然后，他举出一些生动实例让学生们领会到生物化学与发酵工程之间的关系。例如，酵母可以利用葡萄糖发酵产出酒精，也可以产出甘油，只是因为调节控制了培养条件。在不同环境条件下，酵母细胞体内的酶系会发生变化，从而出现不同的代谢反应，这些都是生物化学研究的内容，由此学生们对课程的重要性有了明确的认识，主观能动性和学习积极性也被调动起来。接着，全老师又进一步分析这一课程的主要特点，告诉同学们怎么把握学好生物化学的方法，哪些课程是它的基础，如何运用已经学过和掌握的有机化学知识，来理解生物化学里的一些反应，提醒大家注意生物化学反应的不同条件和过程，指导学生如何做好实验与参与实践环节，如何选择和阅读参考书等等。

全老师的讲课逻辑极其缜密，用词严谨，比喻得当，循循善诱。那时学校尚未安排“学生评教”这一教学监管环节，但我常常听到发酵专业毕业的校友们提起“生物化学”课程为他们奠定了良好的学业基础，不约而同地夸赞曾经教过他们的全文海老师，个个以曾是他的学生为自豪。这些校友中不少人都成为了发酵行业的骨干，或是成为相关学科的专家教授。

俗话说，台上一分钟，台下十年功，像全老师这样在讲台上讲得深入浅出，抑扬顿挫、节奏掌握得特别到位的“真功夫”，待我自己走上讲台好几年后，才慢慢领悟出其中的道理——“真功夫”的练就需要付出何等努力、投入多少精力啊。

全老师非常注重身教，生物化学课程教学大纲及课程体系内容确定前，他总要约谈有机化学教师，充分了解有机化学课程教学大纲的实施情况和教学效果，交流并做好两门课程之间的分工与衔接。同时，他自己还要翻阅一遍有机化学教科书，务求将教学材料和授课计划安排得翔实妥当，将生物化学的教学内容与有机化学进行科学衔接，避免教学内容发生重叠。他也以同样的严谨的教学态度安排后续的发酵工艺课程，了解发酵工艺课程和实验环节的教学内容，经常与几门工艺课程的授课老师进行业务交流。这些举措使他更清楚地了解到专业课程需要哪些生化理论，以便更好地指导学生将生物化学知识应用于专业之中，真正做到让“生物化学”这门专业基础课程起到系统课程中承前启后的作用。

在今天这个浮躁的年代，像全老师这样对职业如此敬畏，对教学如此热爱，对治学如此严谨，对学生如此负责的教师，尤其值得我们学习和敬重。对我而言，我不仅有幸跟全老师学到了受益终身的知识，而且学到了教书育人的为师之道。在学校组织的首届教师讲课竞赛中，我在当时的教学院长和全老师的鼓励和支持下，鼓起勇气参加了比赛，最终获得了全校第二名的好成绩。全老师非常高兴，对我的点滴成绩予以肯定，并鼓励我继续努力，不断提高教学境界，让我这个性格略显内向、初次参赛诚惶诚恐的年轻老师增强了自信心，逐渐成长为一名称职的“生物化学”课程负责人，在后来的课程建设和改革中，发挥了更多的作用。

全老师对学院的学科建设常有自己独到的见地，学院领导在学科建设与发展的过程中也十分尊重他的意见。在原则问题上他总是直言不讳、坦诚地说出自己的想法，从不敷衍了事。比如，在生物化学师资队伍的建设上就显出目光的深远。全老师有着发酵工科的背景，因而在组织教师队伍时注重选择生化功底深厚的北大和南大毕业生，实践证明这样的组合与搭配往往相辅相成，相得益彰。全老师的建议往往非常具有可操作性，所以意见常常被采纳。当时的院长章克昌教授曾开玩笑说：“一旦全老师认准是对的道理，谁都辩论不过他。”他的耿直在全校都有名气，为此多了一个“老牛”的绰号，同辈教授也喜欢这样戏称他。

全老师退休后，仍担任了多年的教学督导员工作，继续发挥余热，对年轻教师的讲课予以点评和帮助。直至学校迁到较远的新校区后，才很少再见到他的身影。全老师生在苏州、长在上海、就读于南京工学院、工作在无锡轻工大学，有着江南才子聪慧灵通的秉性、严密细致的习惯，同时又有着北方人的率真耿直的个性，是一个可敬可爱的人。

时光荏苒，曾经年轻的我，如今两鬓已添缕缕白发，站在烛光灵堂前，我向全老师深深鞠躬，抬头凝视全老师生前的照片，依然还是那么淡定、安详、和蔼，他好像还在叮嘱我们如何做好学问，如何为人师表。他的眼睛不太好，却能洞悉一切；他的言语不多，说出的话总是句句管用。相信曾经接受过他指导的学生、老师、同事们和我一样，都会在心里永远怀念他。

作者：江南大学生物工程学院教授、博士生导师

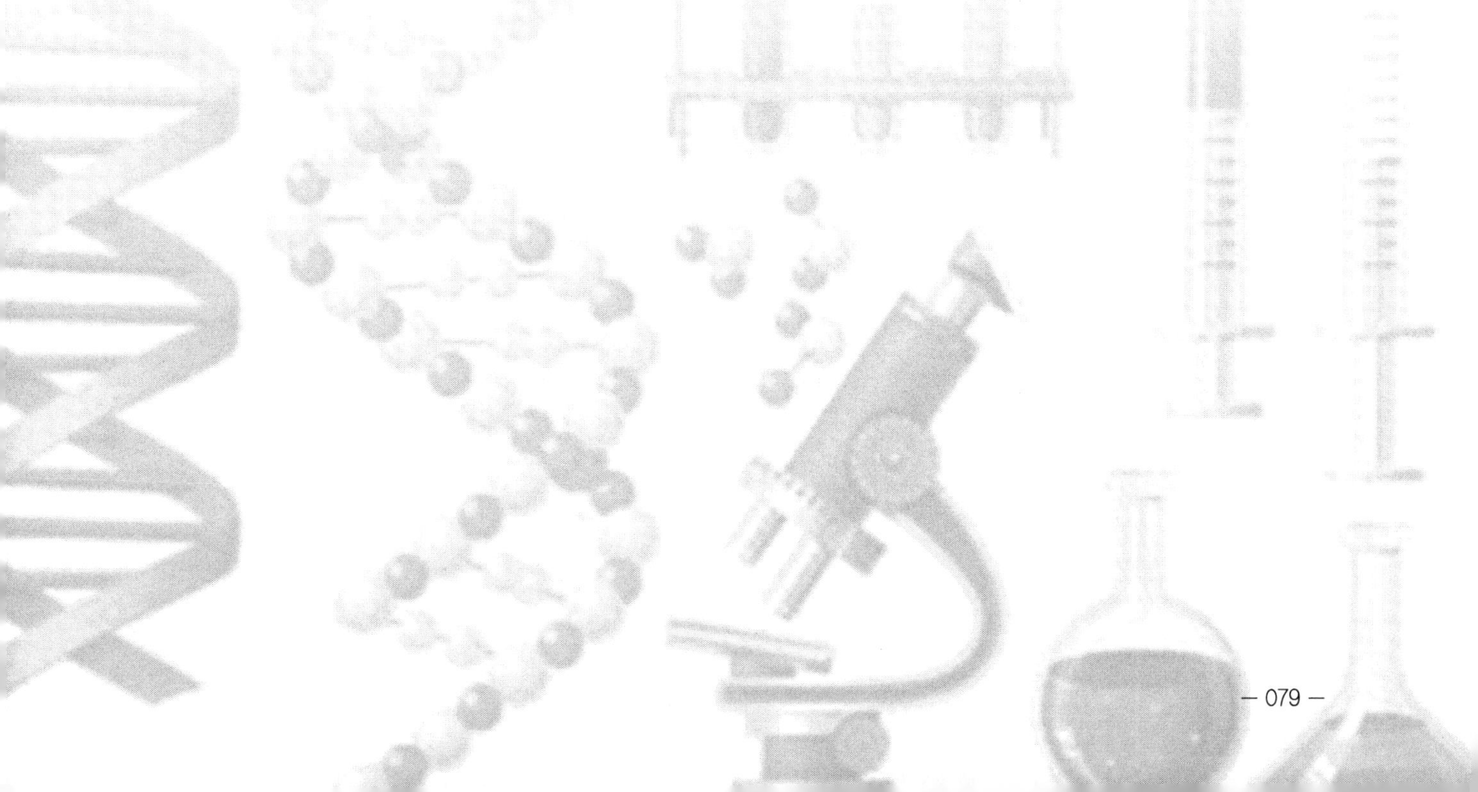

育栋梁之才　探食味之究
——高维道

向琪

高维道老师是食品学院的退休教师，中国致公党党员。2011 年 11 月 11 日晚上，就在他穿过学校南大门外的震泽路，准备乘公交车回家的瞬间，一辆电动车呼啸而过，将他撞倒在马路边。由于头部受到严重撞击，虽经医院紧急抢救，却再也没能挽回他的生命。12 日零时，高老师在无锡第四人民医院逝世，享年才 73 岁。谁也没有料到高老师会以这样的方式与大家告别。大家无不为此扼腕痛惜，在向这位健康活跃、依然充满工作与生活热情的老教师告别的同时，他的点滴故事经过校友们的回忆，逐渐浮现在人们眼前。

高维道老师的学生都记得，他是江苏镇江人，从小聪明好学，18 岁那年考入南京工学院食品工业系食品机械专业学习，由于食品工业系迁到无锡办学，1961 年，高老师毕业于无锡轻工业学院的食品机械专业。在学期间，他已显示出学习上的后劲，毕业前一年，他被送往上海交通大学热工学专业进修，毕业后遂留在无锡轻工业学院机械系任教。1973 年，他调到食品工程系任教，从讲师到副教授，担任“食品工厂机械与设备”、“食品工程原理”课程的教学和实验指导。他数理基础很好，授课条理清晰、数据丰富，理论功底扎实，教学经验丰富，很受学生们欢迎。他参与编写过《食品工厂机械与设备》等多部教材，这些教材不仅适于课堂教学，也是食品加工和食品设备生产单位的工程技术人员的使用书籍。

高老师是一位严谨、严肃的学者。浓眉大眼，略微谢顶，经常穿着 20 世纪 80 年代比较时兴的夹克衫，他是学生心目中事业生活上的榜样人物。科研和教学之余，他还承担着食工系的行政领导工作。在 1984 年的新生大会上，作为系副主任的高老师给学生们上了一堂别开生面的入门课。他说：“我们食品工程专业的人是两条腿走路，一条腿是工科，一条腿是理科，理论联系实际是我们的专业特色。”深入浅出的入学教育，至今让校友们记忆犹新。

在科研中，高老师总是有条不紊、善于开动动脑筋想办法，为了调试各种食品加工设备，改造维修“食品工程实验室”，经常看到他在进行食品加工试验现场加班加点地工作。李奕涛依然清晰地记得当年的事情。1988年初，得知高老师担任自己的毕业设计导师时，他心情矛盾而忐忑，一方面为能在高老师的指导下完成毕业设计而欣喜，一方面又不知严肃的高老师会如何指导自己的设计工作。当时他的毕业项目是为句容县设计一个草莓冷库，虽然已上了3年半理论课，并且做了无数有 N 个前提的习题，但对于如何完成一个真正的设计项目仍然很具挑战性。李奕涛很清楚地记得高老师当时给自己列了一张书单，上面有七八个书目，印象中那些书都是大部头的、实务性的各种工艺规范和行业标准。“从图书馆捧回这些书，我切实感受到了毕业设计的分量。如何阅读和理解这些规范和标准，其实就是让我们具备跨出无锡轻院的校门，只身闯入社会大课堂的能力。”

李奕涛记得，整个设计过程中有一半以上时间，用于向高老师请教关于如何理解和使用这些规范和标准。至今他还记得冷库所需要的三种标准保温材料的物理和化学特点、不同的施工要求，还有企业中设计电梯的标准化条件和要求等等。高老师对项目所有的计算、图纸和设计说明书的工作进程都有严格的要求（用现在的工作语言来说就是狠抓“项目管理”）。他要求李奕涛每周按计划提交设计功课，并就这些内容提出相应得指导意见。“高老师不仅是教会我完成一个具体设计工作，而且指导我如何从学校走向社会，体会并迎接工程师这一职业的挑战。”“毕业答辩是在一个炎热的上午进行的，自己站在高老师和于秋生老师面前，手持辛苦了几个月才完成的几张0号和1号图纸和一叠布满各种管线计算的设计说明书，向老师们报告了项目设计方案和计算结果，并回答了关于毕业设计的各种问题。虽然，高老师的提问不像当初想象的那么尖锐，不过那是自己第一次面对来自专家教授的系统性挑战。”炎热的天气、紧张的心情和毕业答辩的情景至今依然深深地铭印在李奕涛的脑海中。

而对徐海来说，高老师带他去海南罐头厂实习的那段经历记忆最深。在他的印象中，高维道老师善于从许多细微之处，培养学生们严肃认真的科学态度，他向学生们系统介绍各种型号封口机的优缺点，如何根据生产实际需要，选择合适的封口设备，还有车间内部的照明，选用什么型号的灯具，光源的功率与照度，灯具安装的位置与高度，都能一一道来，条分缕析，十分细致。高老师自觉的环保节约意识也给学生们留下了深刻印象，他提醒大家在设计中要注意罐头厂蒸汽、自来水阀门的跑冒滴漏问题，除了安装流量计外，还要加强对水、电、汽能源的综合利用和有效管理。由于海口日照时间长，房顶水箱中的自来水被太阳照晒后水温升高，大家洗澡时感觉水特别温暖，这使徐海萌生了利用太阳能的想法。于是他跑去向高老师请教，得到认可的同时，高老师还提醒他可以利用杀菌时产生的热水与冷水进行热交换，节省能源。高老师早已指出海南岛具有独特风能优势，充分利用风力发电有利于环境保护。徐海说：高老师的渊博知识，高瞻远瞩，令他肃然起敬。

为了让学生更好地了解书本上没有的知识，高老师还专门请海口罐头厂技术科、设备科的科长给大家讲课，系统介绍厂里罐头生产工艺技术和罐头专用设备情况，内容丰富新鲜，理论联系实际，使学生们进一步加深了对食品工艺学、食品工程原理、食品机械等课程的理解。当时，技术科郑子龙科长正在试制椰子汁罐头，经过383次试验终于获得成功，研制出了著名的天然椰子汁，被誉为“世界首创，中国一绝”，申请了国家专利，获得了荣誉和奖励，后出任总工程师。2006年徐海去海口罐头厂联系出口业务时，工厂已更名为椰树集团有限公司，旧貌新颜，今非昔比，已发展为我国最大的果汁罐头饮料生产企业。当年的郑子龙先生已经退休，但精神矍铄，十分健谈。他们回忆起25年前在工厂实习的情景，历历在目，郑老还惦记着高维道等老师，要徐海一定转告对三位老师的问候，可见高老师与海口罐头厂技术人员的深情厚谊。

高老师是个富有情趣的人，年龄稍长的教职工和当年高老师的弟子们，都记得他是位音乐爱好者。作为学校教工合唱团的骨干，有时他还承担着领唱的重任，把合唱团成员的情绪调动得很“High”。年龄更大些的老教师也记得，他还是学校话剧社的得力干将。高老师相貌英俊，形象阳光，神清气朗，在话剧中多扮演正面的、富于青春和朝气的角色。尽管平时说话时带有南京口音，可演起话剧，却声音洪亮，字正腔圆，很有激情和感染力。

作为热工与制冷的专家，高老师曾担任无锡市制冷学会首任会长，后被聘为名誉理事长。退休后他仍然活跃在科技服务第一线，参与了多家食品品牌产品的加工技术改进，参与了江西大米精加工科研项目，是江南大学离退休老科协成员中颇有建树的一位，2010年还受到退休科协的表彰。

“涵锡惠之雍儒，集太湖之趣雅。育栋梁之少学，探食味之源究。”高维道老师的高尚人格和一丝不苟的学术精神永远是后辈学习的榜样。

作者：江南大学食品学院党委书记

（根据三位校友：李奕涛——新保软件（上海）有限公司总经理，徐海——江苏省粮油食品进出口集团股份有限公司高级工程师，陶谦——江南大学食品学院副教授提供的素材整理而成。）

蓬皮肚总统——冯品如

范茂兴

胖胖的身材，大大的肚皮，再加上“冯品如”谐音“蓬皮杜”，于是乎，他就有了昵称“蓬皮肚总统”。冯品如老师离我们而去已有 14 个年头，他严谨的学术风格，坚忍不拔的敬业精神，优良的群众关系，风趣幽默的言语，却永远留在我们的心中。

学到老，活到老，他在学术上刻苦钻研，孜孜不倦

1958 年，冯品如老师毕业于南京工学院（现东南大学）食品工程系粮食加工专业，毕业后留校任助教。那年正值院系调整，南京工学院食品工程系搬迁至无锡，成立无锡轻工业学院。学校为增设食品生产过程自动化专业，派他到南京工学院动力系工企电专业进修。他以积极向上、如火如荼的学习热情，掌握专业知识，参加教研室活动，收集创办新专业的资料，并学习建设新专业的经验。

改革开放后，国家重新制订计划，选派骨干学者到国外留学访问进修。冯品如老师 1979 年参加考试，经选拔，考取了美国访问学者。出国前必须先学英语，由于原先修的是俄语，当时已四十多岁的他和我住在培训班学生宿舍（双层床），吃的是北方粗粮和大锅菜，和年轻人一起学习英语，真是“难兄难弟”。记得周六、周日仅供两顿饭，这对于学习压力重、精力消耗过度的我们——尤其是饭量较大的冯品如来说，简直是折磨，后来我们自觉形成了每人轮流在周末烧一顿饭的习惯。他无视这些困难，清晨天还未亮，他便步入操场，边走边背单词，大声练习口语。晚上外面一片漆黑，为了不影响同宿舍的同学，他便站在路灯下夜读。一天十几个小时的学习，夜深回到宿舍，一沾枕头便睡，刚一睡着，就呼噜漫天。住在他上铺的我和同宿舍的其他人只能用棉花塞着耳朵才能睡觉。当时，我们还把他响亮的呼噜声录了下来，回国后在培训班同学聚会之际，把当年录下来的呼噜声段子放出来，全场捧腹大笑，热闹无比。我们在北京和上海苦学八个月的英语，他已基本达到了用英语进行专业交流的程度。

后来，他负责国家“九五”重点科研攻关项目——发酵法生产甘油工业化及控制，以及设计制造出口泰国面粉机配套自控设备等。作为院系领导，他亲自带领两位年轻教师去泰国现场安装调试。泰国天热，他当年年纪也不小，还执意亲自上阵，与年轻教师共同动手操作。由于他身胖肚大，弯腰都很困难，每台设备的安装调试，他均赤膊上阵，亲历亲为，或深蹲，或跪地，想尽一切办法保障设备正常运行。有时候底层的元器件看不清，他只能伸手进去一点一点地摸索，有一次还被电麻了一下。由于坚持顽强苦干，终于按时按质完成了任务。泰国合作方主管和员工谈起他，都纷纷竖起大拇指。

传道、授业、解惑，他在教学上认真严谨，关心学生学习和生活

当时，无锡轻工业学院派他到南京工学院动力系工企电专业进修的同时，还选送了黄学祥等三名原粮食加工专业的二年级学生到该专业跟班学习。冯品如除了自己刻苦学习专业知识，收集专业教学计划，课程大纲，实验室建设等筹建专业的工作外，还十分关心三位学生的生活学习。由于改专业学习，学业上有困难，学生们一开始很不适应，冯品如老师经常主动嘘寒问暖，帮助学生解决学习中的困难，提供不少学习电学方面的经验，帮助学生理解。假日还经常组织娱乐活动，和学生一起出游，缓解学习压力，增进师生感情交流。正因为他无微不至关心学生的生活和学习，他带的学生都以优异的成绩完成了学业，并在专业领域有所建树。

冯品如老师接任自动化系主任之际，系里无人有资格招硕士生，为了早日升格为控制理论与控制工程（工业自动化）硕士授予点，学校特聘请北京轻工业学院院长夏德黔教授作为兼职教授，并以他的名义招工业自动化专业硕士生，由冯品如和我具体负责带硕士生。那时我们每个人一年仅收两个研究生，作为一名和善可亲的教授，他非常关心所带的研究生的学习甚至生活，他和研究生们朝夕相处，给予了他们颇多的专业学术知识以及颇有价值的人生经验，宽以待人，他的正直、他的善良、他的真挚无一不令人敬佩感动。

路漫漫其修远，他坚持不懈，自动化专业从无到有、从小到大

1960年冯品如老师进修完成回校参加创办食品生产与过程自动化专业，并于当年招生。同时学校又派出六名教师到南京工学院工企电专业进修，并招进两名浙江大学化工过程自动化专业的毕业生，组成了自动化教研室，冯品如老师任教研室副主任。从此他开始了艰苦创办新专业的工作，从制定专业教学计划，课程教学大纲到设计实验室的建设方案等，冯老师都亲自动手。但到了1962年，国家贯彻八字方针，新办的食品生产过程自动化专业停办，教研室并入电工教研室，学生转到油脂专业。挫折磨炼人，深埋在冯品如老师心里的种子终将会发芽。1978年党的十一届三中全会召开后，国家实行改革开放政策，我校重新在机械系成立了自动化专业，并招收本、专科自动化专业学生。他去美国进修学习了两年，并于1983年回国，继续参加自动化专业教学工作。这时，他有了坚实的专业基础，可以大展宏图了。

1985 年从机械系分出成立自动化系，冯品如老师负责生产过程自动化专业方向，后接任自动化系主任。他亲自编写《过程控制工程》教材，亲自规划四个实验室（气动仪表、电动仪表、检测仪表及过程控制实验室）。从元器件清单到实验室的调试，他都亲自参与，带领大家一起动手，最后满足了教学要求。经过艰苦努力，至 1986 年 8 月，自动化专业就获得了控制理论与控制工程（工业自动化）硕士授予点。在冯品如老师领导下，全系教师共同奋斗，从此自动化系进入了欣欣向荣的蓬勃发展阶段，取得了许多教学与科研成果。1996 年，工业自动化专业被评为轻工学会重点学科。

平易近人人心归，他善待同事，尤其关心青年教师的学术发展

冯品如老师与同事们关系紧密，喜欢与群众打成一片，有事与大家商量，说话非常风趣幽默。特别喜欢晚上在校园内散步，与同事们一起边走边聊，聊天内容海阔天空，无所不谈，毫无领导架子，非常平易近人。他平时喜爱运动，早上爬山，徒步游玩，他所到之处，欢声笑语不断，所有熟识之人均呼他为“蓬皮肚总统”，意即大肚皮领导。后来干脆就叫他“总统”。他也习惯了，应声回答不客气。

冯品如老师卓有远见，十分关心青年教师的发展与培养，每年要选送青年教师到国内外进修或读研究生（硕士或博士），积极为教师职称评审创造条件。他利用自身的人格魅力，给老师们提供各种的学习平台。作为市自动化学会理事长，省自动化学会常务理事，冯老师经常邀请省内自动化专业的专家来校开讲座，学术交流，使教师有机会接触这些专家，也可让专家熟悉我们的教师，为双方的交流合作创造有利的条件。

十几年光阴已逝，他却依然活在我们心中，不曾离去

2000 年 7 月，当时的院长须文波老师要出国进修，副院长纪志成老师要去中国矿业大学攻读博士学位，学校希望已退下来的冯品如老师重新出山，担任信息与控制工程学院院长。为了支持学校、学院及专业的建设发展，他义无反顾地再次挑起重担，全身心地投身到压力大、强度大的教学研究管理工作之中，把本来退休安闲养生的计划全打乱了，时年他已近 70 高龄。令人扼腕叹息的是，2001 年 2 月的一个周末，他从江阴开会回家，觉得身体不适，便靠在床头休息，谁知竟然心血管疾病突发，短短十几分钟便悄然辞世。噩耗来得如此突然，让所有人都措手不及，谁会相信，就这么一小会儿工夫，“总统”便与大家永远阴阳相隔了。学校为他召开了有史以来最隆重的告别仪式，所有的校院领导均到场，痛别这样一位大师的逝去。

惋惜啊！我们的“总统”太早离开了我们，但他的师德风范、创业精神、学术追求和人格魅力，却依然活在我们的心中，不曾离去。

作者：原无锡轻工大学信息与控制工程学院院长、教授、研究生导师
（黄学祥、盛炳乾、张作民等提供部分素材）

边修色谱仪，边吹口哨
——王荣民

杨严俊

王荣民老师是我的硕士研究生导师，也是对我影响最大的人生引路人。记得早年他主持食品工程系（食工系）工作，而我还是一个刚分配到食工系食品基础教研组的年轻助教。王老师在食品科学楼工作，而我在当时食品基础组的办公点化学楼工作，一开始我们相互并不十分熟悉。直到考上他的研究生以后，才渐渐了解他，经过一段时间的深入接触，才渐渐了解他。过往之事在我脑海中至今挥之不去。

王老师一贯思维清晰，反应敏捷，聪明好学，刻苦努力。他始终站在教学改革的前列，"文革"后，他率先在轻工高校中恢复"仪器分析"课程，首次为研究生开设"色谱分析"学位课程和"组合食品"选修课程。他口齿清晰，条分缕析，讲课深受学生好评。早年他参加过多项科技攻关和部级科研项目，获得过商业部科技成果三等奖。

因年轻时身体欠佳，他失去了在改革开放初期争取公派出国的机会，然而他寻求深造之心从未放弃过。我校第一批青年教师从海外修学回来后，王老师经常与他们谈心互动，了解有关国外大学的情况，他自己暗下决心，重新自学英语，尽量参加各种外事活动。我刚考上研究生的那年，王老师作为国家公派访问学者去了加拿大，在大不列颠哥伦比亚大学（UBC）食品科学权威 Nakai 教授的实验室进修。UBC 是加拿大的一流大学，Nakai 教授又是引领食品免疫学应用领域的专家，王老师从加拿大实验室学到了全新的学术思路和先进的分离技术，他学得很认真，很投入，同时英语口语也大有长进，他还交结了一批加拿大的学者朋友。

从加拿大进修回来后，王老师马上就忘我地投入到工作中去，当时国内不少兄弟高校纷纷成立食品专业，他们的师资队伍中有不少人是我们的食品学科培养的，在兄弟院校食品专业的崛起与自身学科发展面临挑战的情况下，我们食工系在教学、科研各方面都面临着校内外的压力，面临激烈的竞争。雪上加霜的是，当时的系主任王文生教授突发心脏病，住院治疗，无法工作。王荣民老师临危授命，1989年担任食工系副主任，主持工作，一年之后被正式任命为食工系主任。为了带领大家突破瓶颈，走出困局，他从上任后就开始没日没夜地东奔西走，四处争取资源，到当时的轻工总会积极申请部级科研项目，他组织了杨芳琪、高维道、汤坚等骨干教师，写了一稿又一稿的项目申请书，终于说服轻工总会认可了我们的科研计划。通过他的不懈努力，轻工总会最终批准由我们学校牵头，组织和实施有关项目。他还到扬州等地区，发展产学研合作，推动食品科学的研究项目尽快落到企业去开花结果。

记得当时学校正在组建中央研究所，拟将一批贵重的世行贷款购置仪器交给中央研究所管理。王老师从大局出发，主动同意把当时归属食品工程系的电子显微镜、氨基酸自动分析仪等，转给中央研究所。当时我们的课题研究离不开这些仪器，去那里做实验要按规定交付检测费，所以王老师经常自嘲说："你看我们为学校管仪器、做贡献，到头来，现在我们做实验还要付钱，真是亏大了。"尽管如此，王老师毫不后悔当初的决定。

为了进一步增强食工系的科研实力，在吸收国外先进经验的基础上，他牵头创建系级统管的仪器平台。各教研组的仪器设备本来也不算多，出于本位考虑，大家不太愿意把仪器腾出来共享。为了说服各教研组主任，他反复磋商，强力推进。记得那段时间我们在实验室搞研究，每天都能听到他和各教研组主任在讨论有关问题，时而低声协商，时而大声争吵，寸步不让。至今还能想象到当时他们争得面红耳赤的样子，他带头把手边的最贵重、最心爱的色谱仪贡献出来后，才最终说服了其他的教研组主任们，真正把食品工程系科研平台搭建了起来。

即使行政工作再忙，王老师也从来没有真正丢下他心爱的专业，一有空就会回到实验室，指导我们的论文研究工作。记得他刚回国那段时间，实验室的气相色谱仪因为使用太频繁，发生了载气耗量异常偏高的现象，当时没有人熟悉仪器的内部构造，也未重视这一问题。王老师发现后，自己亲力亲为，动手修了起来。记得那天我正在实验室里，听见有人吹着好听的口哨，而等我走进仪器室，看到的是王老师正在维修色谱仪，边轻松吹口哨，我几乎不敢相信这是真的，感觉此刻的他与平时的严肃稳重相比，完全是另一个人。后来细细琢磨，我想也许只有当他面对心爱的仪器，做着自己最感兴趣的科研工作时，他才会表现出如此放松、如此陶醉吧。

从加拿大回国后，王老师以自己的亲身体会，在校内外宣讲社会主义优越性，为维护安定团结的局面做出贡献。他对青年人总是抱着理解、宽容和保护的立场，帮助一些年轻的研究生和老师树立正确的政治观念，辩证地看待和分析问题，这些年轻人中相当一部分后来成长为食品学院的业务骨干和管理干部。记得当时食品科学专业一位年轻老师有些才华，特别是在计算机方面有些特长，因此有点傲气，当时系里不少人对他有看法。没想到，王老师却大度地说了这么一句话："其实真正有本事的人难免都会有点脾气的，这叫个性嘛。"但是与此同时，王老师非常看不惯那些耍小聪明和耍小手段的行为。记得有一次他突然跟我们说：你看 ××× 多聪明呀，他在毕业时特地跑来要和我拍一张合照，然后带到他想去的单位，跟那里的领导说他是我的学生，却不提他自己那位职位比我更高的导师。你们知道为什么吗？因为那个单位的领导是我的同学，你们下次要学学他的这种“聪明劲”。当然我们都知道，他是反话正说，也在暗示我们不要做这样的事。

由于长期的工作压力，加上劳累过度，刚过“知天命之年”的王老师终于在 1991 年病倒了，确诊为结肠癌。在手术和治疗期间，他还一直关注着正在申请的科研项目，每次我们去医院看望他的时候，他总会问起项目申请的进度，还向我们提出各种建议。直到 1992 年下半年，他病情恶化，下不了病床，却仍念念不忘正在申请的科研项目，每次见面，他都用微弱的声音询问有关的进展情况。由于当时正好处于国家科研管理机制的转变，直到王老师去世时，项目还没有批下来。我想，或许他是带着遗憾走的。在他去世一个月后，这一项目终于获得批准，经过努力后还升格为国家“八五”攻关项目。成为我们系拿到的等级最高、经费额度最大的国家科研项目之一。我想此时九泉之下的王老师一定倍感欣慰。

作者：江南大学食品学院教授、博士生导师

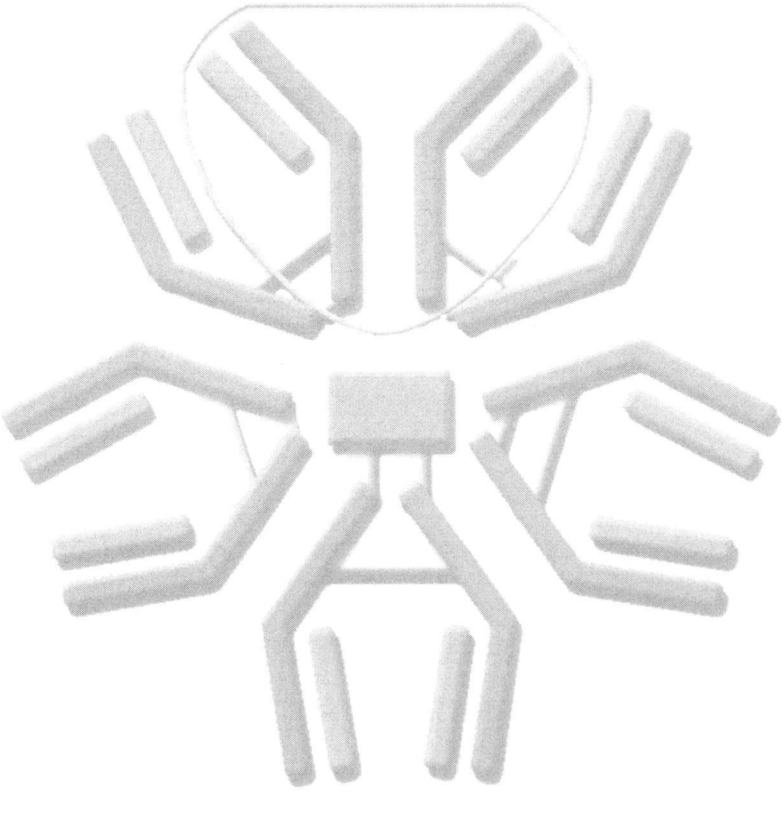

以学为尊，以生为本——王璋

江波

善之本在教，教之本在师。王璋教授在长期的食品教学与科研工作中，培养了包括博士、硕士和外国留学生在内的数以百计的学子，造就了一批杰出的食品科学技术人才。今天，他的弟子已遍布海内外食品及相关领域，许多人已成为国内食品学科的新一代带头人和国际食品界有影响的人物，成为社会栋梁之才。

我在王璋教授身边学习、工作了二十余年，他虽然已经离我们而去，但他的音容笑貌仍时常浮现在眼前。仅凭寥寥数笔，又何能对他作一全面概括？好在王老师的弟子们留下了数篇或长或短的追忆文章，就让我从中择取一二，展现一下先师的点滴风采。

治学严谨，淡泊名利，学术精深

王璋老师出生于上海一个民族工商业者家庭，1958 年考取南京大学化学系，1963 年 8 月分配到无锡轻工业学院（现江南大学）任教，历任助教、讲师、副教授、教授、博士生导师，是国家特殊津贴获得者，并曾两度在美国加利福尼亚大学戴维斯分校食品科学系从事学术访问研究。1984 年，无锡轻工业学院建立了国内第一个食品科学专业，王老师是该学科的重要奠基人之一，后成为食品科学与工程学科带头人、中国食品科学学科的奠基人、被业内许多人尊为宗师，在海内外享有盛誉。

很多学者被尊为“学术严谨”，而王老师的“治学严谨”可以说是达到了极致。食品学科的同仁们都知道，王老师领衔主译了威斯康逊大学 Fennema 教授的《食品化学》和康奈尔大学 Potter 教授的《食品科学》这两本食品界的海量巨著，并主持编著了《食品化学》本科基础教材，还编撰了研究生教材《食品酶学》。据出版社反馈的信息，该教材销量很大，全国各大食品学院的研究生教学都采用这部教材。著书立说工程之浩瀚，难以想象。好在王老师海外进修多年，英文功底深厚，特别是英文读写听说，四会全能。他不仅高质量完成了自己编译的部分，作为主译及主编，还严格审校了其他老师编译的部分，对全书逐字逐句仔细校对至少三遍！我作为他的助手之一，对此印象极其深刻。他不仅校对修改主要内容，连专有名词及标点符号也决不放过。真可谓学术严谨、一丝不苟的宗师！虽然后来我也成为《食品化学》的主要翻译者，成为国际食品期刊的副主编，但仍然无法达到他老人家如此高的境界，想来不免惭愧。

福州大学教授倪莉，曾经是王璋老师的博士生，对他风趣的讲课至今印象深刻。她说：对王璋老师的了解是从他的《食品酶学》课程开始的。王老师对课程内容烂熟于心，讲解深入浅出、生动有趣，这种令人耳目一新的教学方法也极大地影响了倪莉，帮助她在后来的执教中也屡获教学成果奖。

学术造诣高，细节很重要。王老师指导学生，从选题、方案制定、指导实验到汇报，甚至细微到缓冲液的配制及色谱柱的装填，无不亲力亲为。既体现出他的严谨，又说明他的博学。田怀香博士回忆道：实验室的研究生们对每月一次 seminar 既期盼又紧张，从最早的准备幻灯片到后来采用 PPT，王老师对每一位学生的指导，认真严谨，严格要求，从选题到实验方案的设计再到实验操作和论文的撰写，无不倾注了大量心血。王老师几乎以实验室为家，往往是最早到实验室，最后才离开，每年的工作时间几乎遍布全年的 365 天，即使在重大的节日或假期中，也常常能在实验室见到他的身影。他踏实严谨的工作态度和认真执着的敬业精神，影响着一代食品科学人，每位从食品科学出去的师兄弟、师姐妹都或多或少有着和师尊相近的“劳碌命”，这是我们共同的财富，也是共同的荣幸。

另一件印象深刻的事，是在 20 世纪 90 年代，作为青年教师，我准备申报当时国家科委的“九五”攻关项目。由于刚参加工作不久，我对此没有任何经验，申报书撰写也不理想。让我感动的是，王老师居然一字一句帮我仔细修改了 13 遍！最后他也没忘了调侃我：“怎么？你想把我当成你的修改机器？！”最终，我顺利获得了该项目，也成为当时学校最年轻的国家项目主持人。

《食品与机械》杂志社的黄寿恩编辑与王老师并未谋面，通过与王老师磋商学术稿件的过程中结缘，黄编辑对王老师给出发自内心的评价：在眼下这个急功近利的社会里，在浮躁的学术界里，严谨往往被功利践踏得体无完肤。王教授却像一个斗士，坚守在“严谨”这块近乎孤立的阵地，让“务实”、“求正”的旗帜高高飘扬在每个学人的心头。不受近利所诱惑，才能站在人生的高点；保持宽阔的视野，才能经得起时间的检验。先生无疑是中国食品科技的脊梁，是学界中的道德楷模！

在我的记忆及印象中，王老师别说没当过校、院、系领导，就是连教研室主任都没担任过。在帮他整理材料时，发现他的荣誉证书也为数不多，可这并不影响他成为食品科学界享誉海内外的大师。王老师对我说过：人生非常重要的一点是赢得别人的尊敬，而敬仰并不完全依赖于行政职务的高低或荣誉证书的多寡，重要的是别人把对你的尊敬留在心中。

热爱生活，诙谐幽默，记忆超群

生活中，王璋老师是一个个性鲜明、富有魅力的人。他不仅记忆超群、幽默风趣、而且还酷爱美食、痴迷足球、关爱孩童，还有过见义勇为之举。这一切，都源于他始终保持着一颗纯真未泯的童心。

结婚多年后，王老师才有了一个女儿，他对女儿的疼爱可从起名“海贝”中得到体现：海贝，寓意“大海拾贝”之意，也是希望宝贝女儿“Happy forever”。王老师水性很好，擅长蛙泳，曾游过一万米的远程。正是在他的亲自教授下，小海贝早早就学会了蛙泳。但出于安全的考虑，他不让女儿单独游泳，也不准她独自骑自行车上学，弄得女儿很有意见。

他不仅疼爱自己的女儿，对同事子女也关爱有加。我儿子八岁时，王老师居然和他畅谈足球一个多小时，俨然是一对年龄差距半个世纪的忘年知己。记得有一次我和孩子去南京看足球比赛，看到了中国足球史上从未有过的奇景：江苏队的一位外援不服从教练的换人决定，拒绝下场，替补队员只得悻悻回到休息室。回来后，当我将此情况说给王老师听，他起先有点不太相信，后来读到《新民晚报》登载的这则消息，竟然如孩子般地为没能身临其境而遗憾。他与孩子侃足球、给孩子送零食、为孩子讲故事，年轻时还曾与宿舍园区里的孩子们一起玩玻璃弹珠游戏，俨然是一个可爱的大男孩。

一次，在马山劳动乘船返回途中，王老师还曾经跳入太湖，救起过一个坐在同一条船上不慎落水的学生。这种事看似奇特，但了解王老师为人和个性的同事亲友，对这些事丝毫也不会感到诧异。

王璋老师有着过目不忘的超强记忆力，这令许多学生不敢逃课。他甚至记得一位年轻教师在翻译过程中出现的一个标点的错误出现在某个具体章节里。王老师对美食的喜爱人所共知，他那惊人的过目不忘的惊人记忆力也与美食有关，他能够轻易记住出差途中购买的食品风味与价格，包括那些在火车站小店随意采购的小食品。许多年过去了，他竟然还记得“文革”期间在井冈山买到的一毛五分钱一斤的橘子。唯一让我不敢苟同的是：他经常会像个贪吃的孩子，去舔尝烧杯中新研发的食品实验样品！

王老师很勤快，喜欢亲力亲为，不仅打扫自己的办公室，也包干了实验室走廊的卫生。早上学生来得晚些，见到导师在拖擦办公室门前的走廊时，很不好意思，只好压低嗓门叫一声“王老师早”。在他的影响下，大家都养成了良好的卫生习惯。在当时比较简陋的实验室条件下，保持清洁舒适的科研环境，有助于科研成果加快完成。

在徐斐博士的追忆里，王老师很随和，甚至有些孩子气。下午工作累了，他喜欢端着茶杯，在实验室里东逛西逛。有时看看学生做实验，有时和学生聊些轻松的话题。这时的王老师并未放弃指导学生，虽然东一榔头西一棒子，却形散而神不散，潜移默化教会你一些东西。偶尔他也会嘴馋，到校门口的小店买些油炸馓子，请学生们一道吃，那时的气氛便十分轻松愉悦。王老师说话风趣幽默，时常蹦出一些经典话语，有几位研究生号称要整理“王璋老师语录”，可惜大家只是说说，终于没能实现，留下些许遗憾。

在王璋老师身上，“学问建树”与“学术道德”有着完美的结合，他既是真正的传道授业解惑者、学术研究勤奋耕耘者，也是为人率真的良师益友。他使我懂得了即使威高望重，也要平易近人；纵然学术精深，更需勤奋努力。遗憾的是，他 70 岁就早早离开了我们，他的生命虽然短暂，但留给我们的追忆却永远不会消逝。

作者：江南大学国家重点实验室常务副主任、教授、博士生导师

难得一知己，设计一英才
——沈大为

张福昌

从1962年成为设计学科首届本科生同窗，到2002年冬天沈大为教授病逝，我与沈大为相识相知整整40个年头。对我来说，他是我时刻怀念的“难得一知己”，十分敬重的“设计一英才”。回想往事，浮想联翩，终生难忘。

反省至深，成就致远

1974年底，我从广西梧州调回母校任教。大约在1975年春节前后，有一天我和夫人上街办事，在人群中巧遇从西安回锡探亲的同窗好友沈大为。阔别十载，知己相遇，千言万语，倾吐不尽。我们在三阳广场的街边，就这么站着足足一个多小时，滔滔不绝地相互倾诉着别后所经历的风风雨雨。那次交谈，大为所述说的一件事让我极为震惊。

那是1974年大为还在西安红旗手表厂工作期间的故事。正当沉浸在喜得贵子的欢悦之中时，他接到一款新式手表表盘设计的紧迫任务，是作为“政治任务”下达的，必须圆满完成。当年的设计任务全凭手工绘图，表面精细的刻度、数字和文字全靠手绘，这不但要求设计者具备扎实的基本功，而且需要十分的细心与谨慎。当时大为的儿子刚刚出生，父母缺乏育儿经验，身边又无亲人协助，新生儿少不了啼闹，居住条件又容不得空间的隔离，大为无法真正静下心来，有些晕头转向，结果设计中不小心将表盖上的两个拼音字母位置颠倒了。出稿时，同事们很欣赏大为的设计成果，感到画面效果很好，却都未留神拼音的错处，直到最终设计画稿提交了，才有人发现其上拼音有误。

一向认真敬业、业务上乘、屡受表彰的沈大为，何以料到自己无意间的粗心会带来如此严重的后果，回家后甚至把气出在了儿子的身上。当他告诉我这件往事的时候，心情依然十分沉重，其间包含着对自己的反省，以及对儿子的愧疚。好在大为平日里为人坦诚相见、处事尽心尽责，此事总算得到原谅和解决，但大为将此教训深深地铭刻在心头。

为此，沈大为教授常常教育学生和儿子：聪明的人一旦粗心，很多原本可以做得很好的事情，最终也会事与愿违，甚至造成严重的后果。他从此更加虚心谨慎，在设计创新与设计教育领域中孜孜求索，精益求精。前车之鉴，后事之师。大为的自省带来了他日后的屡屡成功，他曾获江苏省教委教育成果一等奖，中国工业设计二等奖，江苏省科技进步三等奖，并两度荣获国家教委教学成果二等奖。最让大家刮目相看的是，他领衔设计的香港区旗区徽，荣获了最高层次的优秀奖。关于这一荣誉，大为自己很少提及，但一时间却成为设计学科和无锡轻工大学的骄傲，校领导言必提此奖项，这对大为而言，是莫大的鞭策。

大为的成就还得到了国内设计学科的一致认同，20 世纪 90 年代中期，作为我校设计学科的带头人之一，他参加了设计艺术类硕士点评审；他为保留服装设计本科专业目录，鞍前马后也做了不少工作；他被教育部指派，参加了北京服装学院的本科教学评估。不管参与哪一项评审工作，他都自始至终认真负责，经常到学校行政主管部门了解相关政策、消化评审指标，以期做到公正、公平。他成为享受政府特殊津贴的专家，也是实至名归的。

言传身教，“严”字当头

凡是上过沈大为教授表现技法课的学生对他的“严”和“苛”都会留下深刻的印象，其特点是：言传身教，“严”字当头。他不但有令人敬佩的示范作品，而且，一定亲历亲为在课上给学生示范并耐心辅导，让学生心服口服。作业要求非常严格，稍有一点瑕疵的作业都必须重新做，对自己儿子也一视同仁，没有商量的余地。这门课曾让很多同学很“头大”，但是，事后却都感到受益匪浅，非常感激他。学生不但掌握了精湛的表现技术，更重要的是学到了沈大为教授治学严谨、认真苛责的精神。

设计学院朱琪颖老师回忆道：记得当时我的作业是精绘一张石板上的鱼，因时值初夏，天气炎热，在喷绘操作时，不小心一滴汗滴在了作品上，因为不是滴在画面中心，我还是心存侥幸，稍微修饰后交差。但沈老师看过后，要求我重新喷绘。当时我心里很抵触，心想不就是在画面的边上有一丝瑕疵嘛，有必要全部重新画过吗？！但沈大为教授反复教育我，做事就是要一丝不苟，绝对不能有丁点马虎放松，小的疏漏看上去微不足道，但它损害整体的效果。当时我虽心有怨言，最终还是花了两周时间，重新绘制了一张，当然效果也超过了之前的那张作业。正因为当年有沈老师这样治学严谨的师者，才使我养成了在教学工作中严于律己，踏实负责，在设计创作中力争尽善尽美，不放松一丝细节的好习惯。

上喷绘课之前，沈大为老师提前要同学们把喷笔等必备的工具准备好，因为喷笔直接会影响作业的效果。一部分条件好的学生还买进口喷笔，上课前同学们都煞有介事地攀比喷笔的好坏，总认为喷笔好效果就一定好。没想到上课时，沈大为老师带着他用了好多年的旧国产喷笔开始教学，喷笔的笔芯是他磨过好多遍的，喷口是砸坏后又整修过的，颜料也是普通的水粉色，气泵就是系里教学通用的泵。沈大为老师演示过后，同学们开始练习喷绘。大家发现自己的工具比沈老师的好得多，但在自己手里却不怎么听话，远远赶不上老师用旧喷笔喷绘出的效果。开始大家认为是老师熟能生巧、经验丰富的缘故，后来沈老师点破迷津，强调演练实战本领的重要性，包括：喷口的精致，气流的顺畅，颜料的黏度，笔芯与喷嘴的间距等，都需要根据画面效果要求精心调试、反复琢磨，才能呈现最佳效果。他语重心长地告诉大家：光有好的工具远远不够，必须下苦功夫，长期积累实践经验，才能够进入自由王国。

两袖清风，助人为乐

沈大为老师平易近人，生活朴素、吃苦耐劳，平日事事处处关心别人。尽管沈大为老师具有很强的设计能力，有很多创收的机会，但他把自己的全部心血和精力都投入到学科建设，自己始终两袖清风。遇到有困难需要帮助的人，他总是慷慨解囊，乐于助人。他先后资助过三位贫困学生，并帮助他们顺利地完成了中学或中专的学业。

1995 年，学校组织各院系领导到宿迁地区考察，发动大家资助当地的贫困学生，大为当即决定资助家庭贫困的刘小改同学，承担了多年的学费以及孩子的日常文具开销等。不仅按时给刘小改汇款，每每还附信叮嘱，帮助他树立远大目标、增强学习自信，勉励继续深造。孩子深受感动，也经常给大为回信。刘小改于 2001 年 4 月 3 日写给沈老师的信中说："……我当然非常想去看你，真的，我们一别就是六年，时间是那么的漫长啊！第二次见面不知道什么时候呢？等我考完自考，拿上大专文凭吧！！为了下一次我们的相见，我更应该好好地努力着，奋斗着！"这些回信给了大为莫大的宽慰。

只是刘小改万万没有想到，资助他完成中专学业，并且帮助他找到工作的沈大为老师次年患上了重病，他们相约的第二次见面竟然成了永远无法实现的缺憾！

乐观坚强，心系设计

2002 年 5 月，我听到沈大为教授患上癌症的消息，如同晴天霹雳，愁绪像乌云般笼罩心头。他在上海治疗期间，我和夫人前往探望。那时他心态还好，话题颇多，谈得最多的还是设计学院的发展建设和教学创新。临别时他告诉我，现在接受介入治疗后，自己感觉不错，想在暑假之后就去上班，趁假期中在家休息，可以先备课……

2002 年 9 月 4 日，大为在病中给设计学院领导和全体老师教职工写了一封特别的感谢信："……我和大家一样热爱美好的生活，今天，当病魔和死神突然向我袭来之时，我没有为此悲伤和流泪，心灵出奇的平静，但当我面对设计学院领导和老师们在精神上、经济上给予我大力支持、奉献一片真诚爱心之时，我的心久久不能平静，上至陶校长，下至以前的清洁工老仇，那么多教职工平日省吃俭用，经济并不宽裕，却为我成百上千地慷慨解囊，有些教师一而再、再而三地支援，……我真切地感受到，人间最难得的是真情，能得到大家如此关爱，我此生足矣！”“我与病魔的搏斗将是长期和痛苦的，但我并不惧怕，自信有乐观开朗的心态，家人无微不至的照顾，又有长足发展的现代医疗技术，更有学校和同事们的热情鼓励和支持，我有信心战胜病魔和死神，争取早日痊愈，重返工作岗位……我将永远铭记在我患难之时每一位老师和朋友向我伸出的热情友爱之手。”

2002 年岁末，冬天来临的时候，大为还是离开了我们。虽然他坚信能够战胜病魔，在身体非常虚弱、神智不太清的时候，还念叨着想去上班……当年是我力邀大为回校任教，我们志同道合、风雨同舟，并肩建设设计学科，一步一个脚印。我知道他是为了设计教育事业才积劳成疾、英年早逝的。在学校举办的“设计五秩”纪念大会上，许多同仁为沈大为教授未能现身于大会而深感遗憾，有人还在《造型往事》一书中记载了他的趣闻。大家每每都提到他，都会传颂着他的故事，因为他还一直活在师生们的心里，可谓“先生之风，山高水长”啊！

作者：江南大学设计学院教授、原校研究生部主任、设计学院院长、日本千叶大学名誉博士

让五星红旗飘扬在北极导弹发射基地——胡学铮

范小莹

衣着整洁，一表人才，儒雅温和，亲切宽厚，十年过去了，但胡学铮教授的形象在化工学院老师们的心中依然是那么清晰生动。

胡学铮教授是江苏无锡人，从小天资聪慧，接受了良好的教育。1970年于北京化工学院本科毕业后，被分配到青海电化厂工作。在全国重新恢复高考后，他以自己的实力考上了北京大学化学系首批硕士研究生，1981年获得北大硕士学位后，来到无锡轻工业学院化工系任教。1988年，他被学校选送公派出国留学，在北京语言学院接受法语培训一年后，公派到法国巴黎第六大学进修化学，接着攻读博士学位。三年后他顺利获得了法国博士学位，但他并未留恋莱茵河畔的流光溢彩，繁华浪漫，径直从巴黎回到了自己的家乡，回到了派送他出国深造的无锡轻工业学院。

回到学校后，胡学铮老师全力以赴投入了教学科研工作，不久即晋升为副教授，五年后晋升为教授。他化学理论功底深厚，在化学溶质的相迁移方面，在化学界面稳定性机理方面，有着很高的研究水平，承担过多项自然科学基金项目。他治学严谨、精益求精、一丝不苟，指导研究生不求数量，但对理论水平和论文质量要求很高，他常说“招了研究生就要负责，不能误人子弟”。他长期执教“物理化学”、“化工热力学”等本科专业基础课程，这些课程数理基础要求高，考试难以通过，学生往往有些惧怕，可胡老师善于将厚重的理论转化为学生容易接受的知识，由浅入深、循序渐进，引导学生掌握所学知识。虽然已是一名教学经验丰富的教师，但他长期保持着一个习惯，在授课的前晚拒绝一切活动安排，专心致志的闭门备课。课堂上，他思路清晰，推理缜密，语言生动，表达流畅，良好的教学效果深受学生好评。他睿智的思想，生动的语言，整洁隽秀的教案，灵巧的实验动手能力给同事们留下了深刻印象。

他的学术水平也被国内化学化工学界的同仁所欣赏，曾担任《化学通报》的编委、江苏省高级职称资格评定委员会专家、全国化工高教学会理事。

尽管他本人多次谦让，大家还是推举他担任化工系的副主任、主任。他作风正派，处事公道，具有很高的思想素质和文化修养，在群众中有着很高的威信。主政期间，他坚持稳中求进的工作思路，着力加强师资队伍建设和学科建设，积极引进优秀人才，有计划地安排青年教师在职攻读硕士博士学位，努力提升学科水平，为化工学科申报博士点积极创造条件；他坚持本科教学的中心地位，注重教学质量的全面提升，积极支持教学改革和课程建设，努力创办“高分子材料和工程”专业；他在学院经济实力较为薄弱的情况下，研究制定激励政策，鼓励教师在教学科研方面多出成果；他重视产学研结合，和同事们一起积极筹建二级董事会，促进化工学科与行业企业更加紧密的合作。以不懈的努力和富有成效的举措为化工系带来了新的发展局面，化工系师资队伍整体水平进一步提高，一批中青年骨干教师脱颖而出，担当重任；精细化工学科再次被确认为部级重点学科，“高分子材料和工程”专业从无到有，发展势头良好。

1996年，学校将迎接全国化工原理课程评估作为重大工作任务列入年度计划，化工系面临必须顺利通过评估，并取得“优秀”的巨大压力。胡学铮老师作为当时主管该项工作的化工系副主任，坚持“以评促建”的工作思路，把功夫实实在在花在促进课程建设、实验室建设和学生整体学习水平提高上，摒弃走捷径、搞“花架子”，更坚决反对社会上请客送礼那一套。全系上下统一思想，全力配合，化工原理教研室全体老师更是付出了艰苦的努力。此次现场评估得到了来自全国各地专家们给出的“优秀”等级。1997年，“化工原理课程建设”再次获得了国家教学成果二等奖，成为当年学校工作中的一项值得骄傲的业绩。1999年12月，经学校批准，化工系升格为“化学与材料工程学院”，在化工学科发展史上写下了浓墨重彩的一笔，胡学铮教授成为该学院的第一任院长。在“化学与材料工程学院”成立典礼上，胡学铮教授西装革履、神采奕奕地在化工大楼前致辞的形象，留下了永远值得后人回溯追忆的精彩一幕。

为了有利于化工学院的长远发展，胡学铮老师于2002年主动让贤，辞去院长职务。卸下重担后，他一身轻松，更加专注教学科研，发挥好学术带头人的作用。谁也无法料到，2003年9月16日上午，胡老师在家整理教案，正准备像往常一样，前往教学楼上课，却毫无预兆的突发脑溢血，倒在家中的沙发旁。在医院抢救过程中，化工学院教师们闻讯纷纷赶去，久久守候在抢救室外，盼望他能度过险关，转危为安，然而病势凶险，回天乏力，最终因抢救无效，他永远离开了挚爱的事业和朝夕相处的亲人。他的生命在瞬息之间戛然而止，英年仅仅57岁，令人扼腕痛心。

与胡学铮教授略有深交的同事都知道，他是一位非常正直坦荡，甚至有些清高执拗的知识分子。他从事管理如同治学一般严谨务实，凡涉及重大申报、评估项目，他总是亲自整理材料，以他一贯追求完美的风格，字斟句酌，反复修改，直到满意为止。在如何争取创建化学化工类博士学位授予点的过程中，他坚持实事求是地用数据反映学科水平，反对套用别人那种过多的语言渲染。他认为是什么水准就反映什么水准，不能拔苗助长。很多单位争取博士点都派员外出攻关联络，游说外校专家投自身一票，他非常反对这种做法，他甚至不想亲自参加轻工高校内部初评增列博士点的会议，后来在校领导的再三动员下，才同意一起到北京去参会。其实在那样的场合，以他国际名校的博士背景，他的思路和建议是颇有气场的。

公私分明，清正廉洁，胡学铮老师担任化工系行政领导期间，身体力行，努力营造风清气正的环境氛围。班子研究工作中，总是让大家先畅所欲言，他再表明自己的观点，形成民主宽松的研究氛围。他两袖清风，从不收礼。在班子研究职称评审、奖励分配等有关利益问题时，他公道正派，毫无私心，做到“一碗水端平”，有时对同在化工系工作的妻子应得的表彰也要推让。

胡老师对同志团结友爱，任系主任和院长期间，他先后和三位书记合作，尊重书记，工作中经常沟通，不仅是工作上的好搭档，还成了能够谈心深交的朋友。他对副职分管的工作全力支持，遇到难题共同商量解决，相互配合默契愉快。他平易近人，待人谦和，关心青年教师的成长，指导青年教师做好职称申报工作，当老师们顺利通过评审时，他内心的喜悦无以言表。

胡老师特别敬重人格高尚的人，尤其对周恩来总理充满崇敬之情。1996 年，赴淮安参观周总理故居和纪念馆，胡老师专门购买了印有周总理头像的纪念品珍藏家中。1998 年周恩来总理百年诞辰之际，他一大早赶到城里等候新华书店开门，为抢购到一本珍贵的《周恩来画册》而兴奋不已。作为一个理性冷静、情感不轻易外露的人，却有如此激情表现，表达了他内心对周总理伟大人格的由衷敬意。

他还是一个非常看重家庭的男子汉，孝顺父母，关爱妻儿，善于营造家庭氛围。当他从北京大学获得硕士学位，面临事业选择时，家乡的山水召唤着他，父母的亲情牵挂着他，他决定回到故乡，到无锡轻工业学院当教师，在老父母的身边恪尽孝心。自从老父亲去世后，他更是隔三差五去看望母亲。就在他不幸去世的那年夏天，无锡气温高达 40℃，他把母亲接到家里，让出最舒适的房间给母亲住，精心侍奉。他脾气温和，善解人意，烧得一手好菜。他对儿子的教育宽严有度，注重身心全面发展，在阁楼中专门架起乒乓球桌，有板有眼地教儿子打球。他善于琢磨，心灵手巧，损坏了的器具经他修补，不仅管用，而且美观。他很有生活情趣，兴趣爱好广泛，他曾是化工学院教工排球队主力队员，羽毛球、乒乓球也打得颇有水平；他喜欢种植栽培，培育出碗口大的玫瑰、多次开花的仙人球……家中阳台一年四季生机勃勃；他喜欢摄影，不时留住家人聚会和出游的欢乐，记录自然美景和心爱的花卉草木……如果不是那场突如其来的变故，胡老师的晚年生活将是何等绚丽多彩！

胡老师涵养内敛，毫不张扬，许多青年教师都不知道他曾有过一件为国人增光，令学校骄傲的往事。那是 20 世纪 90 年代初，胡学铮老师留学法国攻读博士学位期间，曾应邀参加了西欧五国合作项目——导弹发射失重问题的排查与解决。当时这个项目并未正式邀请中国方面的专家参与，可胡老师是其中实际参加研究的唯一的中国人。他对项目的成功所做出的贡献得到了认可，最终，五星红旗高高飘扬在北极圈导弹发射基地举办的典礼会场。胡学铮教授为中国科学家争得了荣誉，为中国人增光添彩。他从法国获得博士学位回国后，一时间这则新闻被传为佳话，当年学校的老领导在校内会议和国际交流场合中经常提起此事，他们的脸上洋溢着发自内心的自豪。可胡老师自己却很少在他人面前说起。今天，我们追忆他生平的点滴故事，特意将这段往事作为本文的压轴，目的是让后人知晓他曾经的辉煌，记住这位平凡而又不平凡的优秀学者和可敬师长。

作者：原中共江南大学党委办公室主任，曾任化工学院党委书记

|第三篇|

杏坛耕耘桃李芳

几经合并重组，学校汇聚了来自五湖四海的师资。有的老教师曾经是战士、是干部、是设计师、是工程师、是演员，来到学校后成为杏坛主角，耕耘在教学讲台上，活跃在育人第一线。他们具有强烈的责任感，丰富的教学经验，炽热的爱生情结。他们讲课生动精彩，指导实验一丝不苟，授业解惑、诲人不倦，深受学生崇敬和爱戴。他们以敬业爱岗的园丁天职，以风格迥异的育人形态，培育出一大批优秀学子，也潜移默化地熏陶着新生代教师，成为他们的精神导师和师德样板。

厚德乐生的高寿长者——吴乃扬

高雪梅

“吴老是我们最敬重的前辈之一。”原校办发酵厂的老职工如是说。2014 年 4 月 13 日，生物工程学院的学生前往老轻院教师住宅小区，拜访已经退休多年的修道高老师，记录修老对我校发酵技术界老前辈吴乃扬老高工的回忆。在随意、亲切的访谈过程中，修老无时不流露出对吴老先生认真严谨的工作态度和高风亮节的人格的赞美与尊敬。期间，我们还采访了其他曾经在社桥老校区发酵工厂工作过的老同志，通过大家的零星追忆，一位也许大家不太熟悉的老高工、老前辈的形象逐渐变得清晰起来。

吴乃扬是社桥老校区发酵厂的高级工程师，1915 年出生于江苏宜兴。20 世纪 30 年代，他进入上海大夏大学化学系学习，后又转到贵阳继续大学学业。大学毕业后，他先后在上海新亚酵素厂、中央酿造厂、上海良友化工厂等多家发酵、化工企业工作，担任过技师、工程师、厂长等职。新中国成立后，他应聘在沈阳人民政府化工管理局、轻工业部上海工业试验所，以及轻工业部北京食品研究所等单位任工程师。60 年代初，无锡轻工业学院刚刚建校不久，以工为主的学科格局需要有相应的人才讲授工程和工艺类课程，而吴乃扬拥有丰富的发酵工程技术背景和工业管理经验，是最合适不过的人选。1961 年，吴老接受组织调动，从北京调入无锡轻工业学院工作，先后任讲师、高级工程师。

吴乃扬是一个工作作风严谨细致、做事一丝不苟的人，在岗时勤恳务实，退休后继续发挥余热，又被返聘三年。直至 75 岁才真正退休安享晚年。吴老厚德乐生，心宽无欲，许多事情都能看淡，直到 97 岁才仙逝离去，是单位的高寿长者。

吴乃扬老先生在任发酵教研组教师期间，在教学过程中特别注重理论联系实际。他在给学生讲授丙酮丁醇制造工艺这门课，除了完成理论课时的教学外，总要坚持亲自带学生步行，到当时建在南门外的无锡溶剂厂实习一周，这是一家丙酮丁醇发酵生产企业。他擅长于在生产第一线，指导学生运用发酵理论知识去理解生产各环节的技术参数和过程控制，进一步加深对丙酮丁醇发酵生产各关键知识点的掌握。

当年的校办实习工厂对工科专业的支撑功不可没。建在社桥老校区的发酵工厂既是学生们参加工程实践的新车间，又是教师们开展理论联系实际、科研服务生产的老基地。因为工作需要，熟悉一线生产的吴乃扬被调到发酵厂工作，他没有怨言，而是以更大的热情投身于实践教学和学生工程能力培养的教育事业之中，凭借自身扎实的发酵工程功底和丰富的工程经验，为发酵厂的创办与运行发挥了积极的作用。

当年，学校秉承“教学、科研、生产三结合”的方针，发酵厂工作班子也是由老知识分子、技术人员、青年工人，以及前来实习的大学生组成。吴乃扬作为高工，是当年发酵厂职称最高的工程人员，他充分发挥一己之长，理论联系生产实际，面对面地教授知识，手把手地传授技术。他为人随和，没有架子，工作之余也喜欢和大家说说笑笑，和工人们打成一片。他还热心辅导来到发酵厂做课题的学生完成毕业设计和毕业论文，和年轻人也相处得十分融洽，就好像一位慈祥的长辈，没有严肃古板的神情，也没有居高临下的态度，深受学生们的敬重。

吴乃扬高工在科技成果转化等方面也发挥了重要的作用。当年发酵厂作为学校的一个重要的科研基地，孵化并促成了许多科技转化成果，其中包括：蛋白酶发酵生产、高粱酒酿造、酶法酱油的研制、糖化酶发酵与技术转让等，所有这些项目都是在社桥的发酵厂进行中试，他和科研团队精诚团结，协调一致，合力攻关，不仅成功完成中试，并将上述各项技术，其中包括生产工艺、工厂车间布置、管道安装、生产管理要求等，成套转让给浙江、江西、辽宁、陕西、山东、湖南等地的一些发酵生产厂家。这一系列翔实的安排及过程实施，总是需要吴乃扬亲自出马，到各地进行实地考察、调研，进行工艺认定和后期的试车，甚至还要为生产厂家培训工人。面对这些大大小小的任务，吴老先生从来都是亲力亲为，不计得失，全身心地投入时间和精力，去指导生产厂家，促使对方尽快掌握实际操作要领。繁忙的工作让他总是觉得时间不够用，他常常以厂为家，每天工作十几个小时，节假日也经常不休息，长年累月一心扑在工作上，无怨无悔。

吴乃扬老先生是个无欲无求的人，从未向组织提出过任何个人要求，体现出老一代知识分子所具备的优良品德。记得吴老过世前不久，我和其他几位领导曾经前往他的寓所去看望慰问。老人家和同样高龄的夫人听说我们要来很高兴，他们穿戴整洁，坐在圈椅上，神情宁静安详，看上去鹤发童颜，有一种仙风道骨的气韵。谈起过去的老同事，老人家依然记忆犹新，谈吐之中流露出对过去勤奋工作的一种自豪，以及对老领导和多年共事的老朋友的牵挂。

本科生张英、吴雅雯与修老进行了访谈之后，在记录文稿中这样写道：“虽然没有见过吴乃扬高工，可我们的眼前浮现出似曾相识的场景：一位和蔼可亲的长者，在发酵罐前不停地忙碌着，时而回身和一旁的青年人交谈着，时而释然大笑。”吴乃扬是一个厚德乐生、畅达简单的人，这也许就是他寿近百岁的秘诀吧！

作者：江南大学生物工程学院党委书记

他的高等数学课被喻为“王兴记馄饨”——严希贤

薛国民

时间过得真快，德高望重的严希贤老师已经离开我们整整五年了，但他的音容笑貌仍然时常浮现在我的眼前。

我是在 1981 年到校任教的，和陆玲珊等当年的一批年轻数学教师师从于严老师。他对教育事业忠诚敬业，对学生因材施教，对年轻教师精心指导，使得年轻教师和学生受益终身。

严老师教了一辈子数学。他 1928 年 2 月出生于湖北省鄂城县，1950 年毕业于无锡公立文化教育学院，1956 年加入中国共产党，曾先后在无锡市总工会文教部、市机关干部业余文化补习学校、北塘区业余职工大学、无锡市业余工业大学任教。“文革”中被下放到苏中农村，1975 年调回基础部数学教研室任教。由于工作出色，他曾多次被评为市先进工作者、市优秀教师和单位优秀共产党员。

严老师特别敬业，尽管教了很多年的高等数学，但接受各批教学任务之前，他都认真分析所教学生的学业基础，有的放矢地调整教学内容，重新做好教案。为了把第二天的课讲得更生动，更新教案后他还要进行课前默讲。狭窄的家庭生活空间中精心备课的他，在上课前一天的晚上，不允许自己的子女听广播、看电视，不允许家中出现杂音干扰，以免影响自己的备课效果。至于家务活，他根本无暇顾及，更不说有什么业余生活。为此，他反思对家庭和孩子是有愧疚的，只能在退休后通过精心教育好孙辈以作弥补。

严老师对课堂教学倾注了满腔的热情，也注重因材施教。他每次上课总要提前半个小时进入教室，提前接受提问，为学生释疑解惑；在课堂教学中他十分投入，声音抑扬顿挫，充满了激情。在脑部患瘤后，他常常一堂课下来就大汗淋漓，却仍浑然不觉，所有的注意力都放在课堂里。他在无锡职工大学任教时，学生类别不同，分为业余班、职工班、普通班、干部班等多种层次，他善于根据不同班级的特点，从学生实际需要入手，自编讲义和教案，从不同层次的学生能接受的起点出发，实施教学。为了照顾基础差的学生，他甚至把初等数学和高等数学糅合在一起来组织教学。他总是用生动的语言解释概念公式，用浅显直观的描述帮助学生理解深奥的知识难点。历届学生对严老师的授课给予极高的赞誉。在那物质匮乏、生活水平低下的年代中，“王兴记馄饨”就代表着“舌尖上的无锡”，学生将他所讲授的高等数学课比喻为无锡美食——“王兴记馄饨”。

作为无锡市数理学会会员的严老师曾多次承担无锡市数学公开课的主讲任务。他对教学工作的各个环节一丝不苟、精心设计、精益求精，教学水平高超，他先后开设了极限概念、函数的连续性、泰勒公式、定积分的定义等不同内容的公开课，获得前来听课老师的一致好评。他是我们这批青年数学教师的当之无愧的导师和学术带头人。

严老师真诚地关爱、理解和信任每一个学生，促进学生的平等、和谐、自主发展。每次课后他总是被勤奋好学的学生团团围住，问长问短。他总是不厌其烦，直到让这些学生弄懂、弄通，满意而去为止。除了仔细地批改学生的作业以外，他还经常放弃了自己的休息时间为那些学习基础差的学生集体补课，乃至“开小灶”个别辅导。他经常及时地了解学生的学习情况和思想状态，主动找他们切磋谈心，鼓励学生满怀信心地面对学习、面对生活。从学校毕业已经长达 40 年的学生仍不忘师恩，邀请严老师参加他们的同学聚会。在严老师的档案材料中有一段学生吐露的心声：“我们若再不努力学习，就对不起严老师的辛勤劳动了。”

他也十分关爱年轻教师。在与严老师共事的八年间，他对我的思想和业务提供了很多帮助。尤其值得一提的是：我在 1985 年至 1986 年期间担任江南大学毛纺 851 教改试点班的高等数学教学任务，当时即将退休的严老师是我的指导教师。尽管从他家到学校路途遥远，但他总是坚持每次都提前到课听讲，风雨无阻。每当听到我讲得出彩的地方以及需要改进的问题他都会认真的记录下来，及时和我进行沟通和交流，既肯定我的成绩也指出存在的一些不足。他还及时帮我搜集学生的课后反映，为我提供进一步提高教学质量的指导性意见和建议。可以说，我自己能在高教讲坛上站稳脚跟，并胜任教学，与恩师的栽培是分不开的。

得到过严老师栽培和帮助的又何止我一个？陆玲珊老师年轻时也曾得到他长期的精心指导，她毕业于同济大学工科专业，因当时教学任务需要而改教高等数学。一开始，陆老师边当老师教数学，边作学生听严老师上课，她的课堂表达、教学风格、教学理念都深受严老师的影响。她回忆说：“我是严老师的第一个徒弟，当时问了一些现在想来都觉得很可笑的问题，但是严老师都一一认真作答，耐心透彻的讲解，使我豁然开朗。”严老师对数学师资队伍的培养功不可没。20 世纪 80 年代，有近十位中青年数学教师都曾得到过严老师的悉心指导，他们的教学水平和效果都有一定提高，受到师生一致好评。当年的青年教师目前均已退休，但严老师爱岗敬业的高尚风格和严谨治教的工作态度在数学教研组中得到了传承。

严老师是一个视工作为生命的人，也是一个视同事为亲人的人。其实生活中的严老师很有人情味，他与我们这些年轻教师结成忘年交，他看问题比较豁达，年轻人工作上、生活中有些难题，经他开导后烟消云散。同事们把他当作长辈和亲人，在脑部手术住院期间，大家轮流到医院探望照顾，为严老师举办80寿辰活动，其乐融融。他在退休后经常练习书法，生活简单而富于情趣，他喜欢把书法作品送给青年教师。他生活有规律也很节俭，用备课笔记的纸练习书法，吃饭的时候还把废纸垫在餐桌上再次利用。连用过的小小牙签，也舍不得丢弃，用开水蒸一蒸消毒后继续使用。另外，在我的记忆中，严老师光明磊落，直人快语，疾恶如仇，经常对社会上的不平事直抒己见，这种襟怀坦白、朴实无华的老师怎不令人敬佩！

作者：江南大学理学院副教授

自行车轮胎体积如何积分
——郎公天

吴新生

看到这个标题，你也许已经猜到本文要写的是一位教授高等数学的老师。不久前听说我的数学老师郎公天已经过世，我不禁万分悲痛，当即脑海中又浮现出恩师那敏捷、干练的形象和他生前的点滴故事。

当王武同学电话告知，她正在组织编写回忆已故老教师轶事的书籍，希望各地校友积极参与这项很有意义的文化工程。于是乎，我的思绪又回到了40年前在无锡轻工业学院就读的那段岁月，我应该把郎老师的故事，特别是师生之间的深厚情谊写下来。

说到郎公天老师，他的经历还颇有些独特。他教我们的数学课，但那时我并不知道他还是个资深老干部，原来他早在新中国成立前就参加了革命工作。大概因为当年他聪明灵动、年轻有为，当组织上决定选拔一批调干生，送入高等学府深造时，他理所当然地被选中了。于是，他的身份发生了巨大的改变，由一名粮食系统的青年干部变成了南京工学院食品工业系的大学生。1958年，南京工学院食品工业系随着无锡轻工业学院建院搬迁到了无锡，郎老师便随着一大批老师和同学来到了鱼米之乡、太湖之滨的无锡，继续修学他的专业。

无锡轻工业学院——这所全新创办的高等学府，建校初期面临着极大的挑战，也寄托着许多人的期盼，暂且不说校园的基础设施和教学实验的仪器设备匮乏，当时最让校长头疼的，还是师资队伍的严重匮乏。要创办全国一流的轻工业大学，必须要有一支高素质的教师队伍作为支撑。在这种情况下，学校向教育主管部门，也就是轻工业部提出，准备从当时攻读大三阶段的大学生中选拔最优秀的十多位人选，作为师资后备力量。事实上，没等他们修满五年，获得毕业证书，这些优选生就被已经被学校确定录用了，拿当年的话说，就是留校作为“小教师”。郎老师、许时婴老师、汪纪三等“小老师”被分别安排在数学、化学等基础课教学的第一线，郎老师所承担的是我们高等数学课程的教学。

当时的郎老师虽然还很年轻，但已经表现出优秀的教师素质，严谨的逻辑推导、精练的语言表达、隽秀大气的板书，都给我们留下了深刻的印象。当年我们那一批学员分别来自华东地区及四川、湖北各省，来自各行各业，大家的学业背景相差甚远，水平参差不齐，年龄也从18岁到31岁不等。说是讲授高等数学，其实郎老师还要花不少时间为一些学生补上高中的数学。但郎老师没有被困难吓倒，他总是乐呵呵的，课内课外，讲解耐心细致，可谓竭尽心力。他引领学生们进入深奥的数学公式，指导我们勤学多练，巧解难题。记得他当时给我们出了一道课外作业，给出了自行车轮胎环圈的内、外径之后，他要我们想办法对自行车轮胎的体积进行积分计算。那时候的教学非常强调教学要与生产实践相结合，这一类的数学题出得真巧妙。记得同学们兴致勃勃，不同的人从不同的维度进行积分计算，算法虽多，但只有一种算法最简约、最合理。最后，还是郎老师的推演最让人折服，我们也感受到了数学的神圣与奥妙。郎老师知道学生心里越是纠结，数学题就越难解，对一些基础比较差的同学，他总爱与他们开开玩笑，他是用这种方式让学生放松心态，解除他们的心理压力。

后来，郎老师被学校调到人事处工作，主管师资、职称评定等事务。听说他办事有板有眼，可能因出身数学背景，他在人事方面掐掐算算，注重深入一线，调查研究、爱师用才。在引进教师人才方面，他花了不少心血，经常出差调研，了解目标对象的业务能力之外，也很重视他们的品德素质。担任人事处副处长，主管职称评审工作期间，为了做到坚持原则、公平公正，他放弃自己的教师职称晋升，问心无愧地制定了教师职称考核制度、制定评审标准。他非常重视教师的外文水平的提高，在20世纪80年代就开始设计、制定了本校自成一体的外文考试制度。当年要晋升教授职称，除了提交教学、科研业绩和支撑材料外，还要在2个小时之内，笔译完成一篇累计6000印刷字符的专业英文资料。晋升副教授则要求完成3000印刷字符的笔译。郎老师坚持原则、严格把关，有些教师的职称晋升难以通过，有的老师因书写速度较慢等缘故，无论如何也完不成这么重分量的笔译。郎老师内心也觉得有些愧对他们，但严格的晋升要求终究还是推动了教师外语水平的提高，间接地促进了教育国际化程度的提升。

郎老师对我们这些学生很有感情。平时经常了解学生毕业后的工作、事业的发展情况，他出差外地都会抽空去看望校友，听到学生在工作上取得一些成就，他非常开心，常挂在嘴上，激励校友奋发努力。我们毕业后的几次同学回校聚会，他都到会，并能叫出不少学生的名字，甚至记得住当年他们被分配在什么单位工作。说起当年重视实践性教学，师生组成小分队，一起到工厂实习，参加劳动锻炼的趣事，他喜形于色，和我们一起回顾往事，说说笑笑。毕业后的学生，有困难还是回到母校寻求帮助，20世纪80年代，我在镇江市轻工局工作，下属的企业急需技术人才，郎老师多次组织院、系领导，来到我们这里考察指导，尽量满足我们急需大学毕业生的需求。每当回想起这些往事，光用“感谢”二字难以真正表达出我内心里对恩师的崇敬。

听留校的同班同学说：郎老师不仅青睐学生，他对家属院里的教工子女也很喜欢，叫得出很多小孩的名字，知道他们各是谁家的宝贝。一些调皮的男孩干脆就呼他：“老狼、老狼，几点钟？”或是“狼爷爷来了”。他从不生气，最多是面带笑容地吓唬一下小男孩。大雪纷飞的冬季里，有时还能看到他和孩子们打雪仗，不乏童心。这时候的郎老师就是个和蔼的邻居、开心的爷爷。

从老干部到粮食系统技术骨干，到南京工学院调干生，再成为无锡轻工业学院的高等数学教师，后来的人事处副处长，组织上把郎公天老师安排在什么岗位上，他都能尽心尽职做好本职工作。直到他生命的最后阶段，还能看到他在家舍附近散步，和熟人点头致意。他的一生是充实的、快乐的。他值得我们深切缅怀。

作者：江南大学校友会镇江分会会长

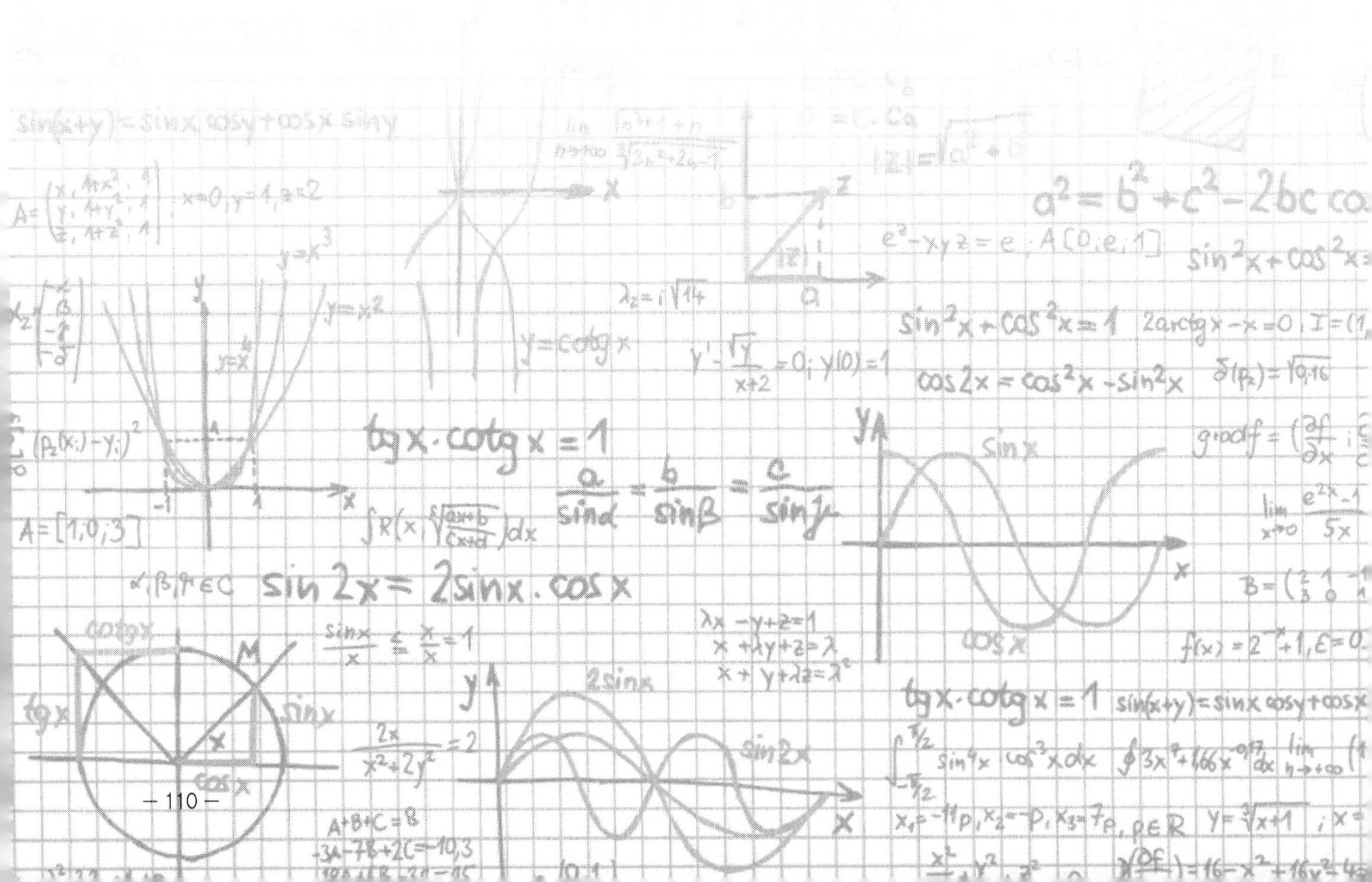

留有他手迹的借书证是我永远的珍藏——吴科征

过伟敏

吾师吴科征，上海人，出身建筑世家，毕业于国内顶级建筑系科——南京工学院建筑系（现东南大学建筑学院），他是新中国成立初期的优秀学子，建筑泰斗杨廷宝的嫡系门生。吴老师毕业后留校，成为了杨廷宝教授的助教。在20世纪50年代的政治运动中，吴老师不幸被划成“右派”，并下发到地方，80年代辗转至无锡轻工业学院工业设计系（江南大学设计学院的前身）任教。于是乎，青山湾校园里又多了一个西装革履、神闲气定、风度翩翩的建筑学问人；一位激情四溢、创意喷张、神笔点化的海派设计师。

因创办室内设计专业（环境艺术设计专业的前身）急需引入专业师资，我有缘成为吴老师创办专业与设计教育的助手。有了与吴老师一起工作的十年经历，可谓亦师亦友，获益良多。吴老师退休后不久，癌症复发去世，又已十多年之久，但吴老师对设计专业的热爱、对人才的渴求、对后学的提携、对人生的达观，口传身授，特别是那种自强不息、锲而不舍的敬业精神仍历历在目，让我们这些后辈敬仰有加。

在吴老师的一生中，尽管在无锡轻工业学院工业设计系工作的时间并不是最长，但是他与无锡轻院、与今日的设计学院是最有缘分的。无锡轻院为吴老师提供了充分发挥其专长的舞台。在退休前十余年中，他为学校留下了诸多不可磨灭的记忆，吴老师主持创建了国内较早的室内设计专业，扩展了设计学科的专业面向，成为今日“设计之鼎”的三足之一；他参与创办了无锡轻工业学院建筑设计室，后来升格为无锡轻工大学建筑设计研究院，这是无锡当时少见的甲级设计院，亦是设计专业师生重要的实践基地。

吴老师本人更是一位富有建筑梦想、多产高超的建筑师。20世纪80年代设计的具有“包豪斯”风格的“造型楼”，被设计学子称为“青山湾的温暖”，四层小楼，落地大玻璃钢窗、门厅旋转楼梯……简洁的立面构成、娴熟的尺度把握，使“造型楼”成为80年代至20世纪末在此工作学习过的师生们对当年青山湾校区的永恒记忆。青山湾的“科学会堂”，是本校首次采用的桁架结构，成功建成的大跨度会堂空间；学校综合办公楼采用倒八字窗的重复，庄重不失活泼；无锡轻工业学院更名无锡轻工大学时，在原址上翻建的、呈不对称特征的新校门，以及梅园校区设计学院新楼，红砖与灰水泥相间相衬，外观大气、略显怀旧的设计风格。这些无锡轻工的时代“印迹”多数出自吴科征老师的手笔。除了校园建筑，位于无锡梁溪大桥畔的中国银行无锡分行总部，也是吴老师的大作。他的作品无不显示出对楼宇形体与建筑材料精巧结合的高超掌控能力，表达出广纳博览、融贯中西、锐意创新的设计品质。

建筑的大手笔容易得到众人认可，并镌刻在记忆中，而吴老师为创办室内设计专业，全力以赴在国内高起点地广揽人才之事，大家未必了解。尽管三十余年过去了，今天回溯过往这些事似乎微不足道，但是其间蕴含着老一辈学科带头人专注教育、关爱专业、求贤如渴、淡泊名利、真情付出、无私奉献的精神，这是今天的许多教师尚不具备的、需要认真学习的师德师风。

20 世纪 80 年代初，无锡轻工业学院工业设计系（江南大学设计学院的前身）处在扩大专业方向的重要阶段，在原有产品造型设计专业与包装设计专业（视觉设计专业的前身）的基础上，1985 年，工业设计系又增设室内设计与服装设计两个专业，其中室内设计专业是吴科征老师倡导设置与主持筹建的。室内设计的基础与对象是建筑及环境设计，在一定程度上，它是建筑设计的延伸与深化。此时，历经坎坷，依然急于回报国家与社会的中年吴老师，终于找到了发挥自己专长的支点。改革开放之初，他领衔开设室内设计专业，称得上顺势而为、英明果断，学校成为国内该专业首开先河的单位之一。

1985 年，吴老师从产品造型设计 81 级学生中遴选了包括何晓佑等优秀学生，将“无锡大饭店”室内设计作为毕业设计课题，此乃外商在锡投资的高星级宾馆，社会关注度高。在吴老师的指导下，师生共同努力，充分发挥对空间艺术造型的敏锐性与创新性，果然不负众望，部分成果被业主采用，毕业设计成果取得了很好的社会效应，亦成为增设“室内设计专业”必要性与基础背景的重要实证和良好铺垫。除参与无锡大饭店室内设计的 81 级学生何晓佑留校在室内设计教研室工作外，吴老师还从建筑设计室调来了建筑结构工程师冯俊庸老师，专事建筑制图等专业基础课程，再加系里调配的几位老师组建成了室内设计教研室。当时，初建的教研室所有教师还远不足“七八条枪、十来个兵”的规模。而 1985 年的秋天，工业设计系的首届室内设计的学生已经入学，尽管第一届的学生不到十人。

引进具有室内设计及相关专业背景的教师，组建结构合理的师资队伍，成为室内设计专业带头人吴老师在这个时期的工作重点，为此吴老师可谓是不畏艰难，动足脑筋，用足自己的社会关系。在我 1988 年 3 月来到无锡轻院工作之前，吴老师已通过与同济大学建筑系交换优秀本科毕业生，为双方互荐师资（当时同济大学急需产品设计专业师资），1987 年，引来了毕业于同济大学建筑系的杨茂川，又从中央工艺美术学院（现清华大学美术学院）要来了室内设计专业的毕业生侯天明。

缘于在南京工学院建筑系读研期间与吴老师的一次合作，我来到无锡轻院工作。吴老师大学毕业后曾留南京工学院任教，与我的导师是同门师兄弟。认识吴老师之前，我已参与完成了导师领衔的无锡“中国饭店”的室内设计，这是无锡地区较早按照现代设计理念开展的内部空间设计、强调传统与现代风格融合的本帮菜餐馆。室内设计完成后得到多方好评，亦受到吴老师的关注与认同。后来当我们几位研究生同学在南工导师办公室里见到来访的吴老师，可能因我是无锡人，导师重点介绍了我。从此与吴老师结缘，随后他邀我参加他主持的“三凤桥酒家”的室内设计。记得我刚来不久，有位同事就同我说过，吴老师把我画的三凤桥酒家室内设计的许多张钢笔淡彩效果图贴在他家的客厅中，足铺满了一墙面。他逢人便讲，很快就有一个南京工学院专门学习室内设计的研究生要来轻院任教了，兴奋之情，溢于言表。他曾经游说我的导师，又不断地与我联系，真诚地邀请我研究生毕业后来锡，随他共同创建室内设计专业（学院环境艺术设计专业的前身）。最终我被他的诚意与热情所打动，从此结下无锡轻院之缘，直至现在的江南大学设计学院，一待就是 27 年。

除了自己来无锡轻院，我还受吴老师之托，帮他从其他的研究生同学中物色愿意来校工作的人选。1988 年 3 月，与我一同来无锡轻院报到的还有同届的周浩明，周老师本科毕业于清华大学建筑系，研究生阶段在南京工学院专攻建筑历史与理论。我们到校报到时，为工业设计系带来轰动。当时全国研究生培养规模很小，研究毕业生数量非常有限，早先工业设计系师资中没有人具有硕士研究生学历。一下子从建筑教育名校同时引进两位研究生，吴老师非常得意，脸上扬溢着自豪之情。忘不了我报到当日，吴老师亲自陪我到青山湾综合楼，一会儿上，一会儿下，到人事处、工会、图书馆……办理各种手续，把我介绍给学院及系领导见面，忙了一整天，年过五旬的吴老师没有半点疲倦之感。我至今仍珍藏着无锡轻工业学院图书馆的借书证，因为封面上我的名字与工业设计系几个字都是由吴老师亲笔所写，端庄大气的仿宋体手迹，真是睹物思人啊！这份留有吴老师手迹的借书证，是他关爱后学的印迹，提携年轻人的真情。

1991 年，吴老师再从浙江美术学院（现中国美术学院）室内设计专业引来优秀毕业生詹和平，其后又从本系室内设计专业留下了涂永斌、邓卫平两位优秀毕业生。至此，吴老师的麾下已聚集了来自东南大学、同济大学、清华大学等建筑名校的毕业生，中央工艺美术学院、中国美术学院等艺术名校的毕业生，以及本校本专业的优秀毕业生。尽管这支年轻的教师队伍有待进一步的磨炼与提升，学历亦不像今日这么高位（博士或海归），但吴老师高屋建瓴的宽阔视野，求贤若渴的行动力，让那么多国内一流建筑与艺术设计专业名校的毕业生汇集到完全没有地域优势的无锡轻工业学院，奠定了环境艺术设计专业（原室内设计专业）发展的较高起点。难怪乎，当时曾有人戏称：室内设计教研室有一支吴老师精心打造的“豪华”教学团队。今天看来，当年吴老师竭尽全力寻觅人才，真情打造师资队伍，实乃目光长远，殚精竭虑，功不可没啊！

作者：江南大学设计学院教授、博士生导师，曾任设计学院院长

有他在，不愁实验开不出
——金岭南

赵光鳌

没有令人羡慕的教授头衔，没有一堆红艳艳的荣誉证书；没有伟岸魁梧的身形和明亮润泽的外表，甚至没有多少人认识他，可他在我们这些曾经的学生和同事眼里，却是一位打心眼里佩服和崇敬的师长，他就是金岭南。

金老师，出生在吴侬软语的姑苏城，在粉碎“四人帮”、改革开放之前的漫长岁月，“家庭出身”不好这一无形的阴影从小到大一直笼罩着他、压抑着他。也许是这样的原因，金老师养成了寡言少语的习惯。早先，教研组每周都要组织读报、政治学习、汇报表态等活动，在这种场合金老师基本不发言，奇怪的是，好像大家都有默契，从没有人把矛头指向他，强行要求他发表什么意见。那时候的他，心里想些什么，究竟持有怎样的观点，并没有人知晓。但这并不影响内心如明镜般的金老师用清澈的眼光去分析身边的科学问题，去琢磨新技术的借鉴与应用，去观察他身边的人和事。

20 世纪 70 年代后期，百废待兴，高等教育也刚刚迎来复苏的春天，发酵专业的教学计划需要重新设置，实验设备需要购置、检验、维修、更新。当年，党倡导的教育方针是：“坚持教育为社会主义现代化建设服务，为人民服务，与生产劳动和社会实践相结合……”据此，学校经常组织大学生到发酵工厂，面向生产，培养技能。金老师作为骨干教师，默默地承担起指导任务。他和学生一起下厂，指导实习的同时，认真考察发酵工厂的各类分析方法，消化殆尽、烂熟于心，回到学校后再根据实验室的具体条件，筹划、建设“发酵专业分析”课程，精心安排实验环节。在工作中，他练就了一双灵巧的手，组装实验设备，修缮各种仪表和器具。有些玻璃器皿是由他设计后与玻璃吹制工一起制作的；层析用薄板硅胶由他预处理后制成的薄板最好用；层析柱如何装填，也是经他数次试验后找到了最理想的层析效果。在科学情报和物质器材极为匮乏的年代，只要有金老师在，我们就不愁完不成任务，开不出实验课程。

金老师的心灵手巧，在系里人尽皆知。他的修表的技能毫不亚于钟表店的职业技师。20世纪70年代，如果能戴上一块“上海牌”手表已经算得上有派头，可这些机械表如果不及时除尘、上油、养护，一段时间以后就要罢工。领略过金老师巧手的人，经常来求他帮忙，不管是教师、实验员，还是工人。而他总是来者不拒，利用午休，甚至下班后的片刻，尽心为大家服务。修表专用的单目眼镜和精密器械都是他自备的，有的甚至是他自制的。他不仅帮别人修好手表，还会热心地交代后期的使用和保养知识。

今天回想起来，金老师在学术上的领悟力和记忆力也是超群的，当年图书馆的图情资料非常有限，有些还是英文和日文书刊，他在大学时期学的是俄文，我们也未见他在上班时间自学其他语种，可他却能从外文期刊中摘取到不少有用的信息资料。他对物理、化学、生物化学的基本理论的领悟非常透彻，面对同事和学生向他提问，他总能用最简捷的语言将相应的科学原理分析得很透彻。而且，他很善于将不同学科的知识交叉应用。他对数据的敏感性和记忆力也很出众，不知是高智商带来的超强动手能力，还是因为寡言少语反而有利于关注度的高度集中？我们不得而知。

改革开放初期，国家刚刚恢复高考不久，大学的教材建设摆到了重要的议事日程之上。金岭南老师作为教材《工业发酵分析》一书的主编之一，他参阅了中外有关书籍，结合工厂采用的分析技术，编写出理论与实践相结合，课堂教学与实验操作相协调的“工业发酵分析”专业教科书，由轻工业出版社正式出版。该书在使用中受到师生们的欢迎，也得到了兄弟高校的一致认可。80年代初，顺应当时酿酒行业发展的需要，他又主持编写了《黄酒生产分析检验》一书，不仅在生产实践中得到很好的应用，而且成为企业技术人员培训的好教材，深受黄酒企业界的一致好评。

如果不是因为他羸弱的身体，他应该能够成为一名出色的教授。金老师个头不高，身材瘦小，体重不足百斤，据说从小就体弱多病。他的脸庞也比一般人小一圈，鼻子下巴都显得尖突，长相上并无优势，讲话声音也不算响亮。尽管如此，他的教学仍然很吸引人，上课时用不着多提课堂纪律，学生们都很安静、很专注，因为他没有丝毫废话，抽丝剥茧，原理清晰，句句管用。由他指导的实验，学生们能学到实实在在的技能。

可惜的是，这样的状态并未持续太久，刚刚步入中年的金老师身体变得越来越差，他经常感冒发烧，先是添衣加帽，凑合着上班，后来发声越来越困难，已经不能再上课了。他无奈地告诉我们，因为手抖，自己也不能再修理像手表这类精密的仪表和器械了。大家都很为他担心，试图帮着寻医问药，可是他说，自己心里很有数，毛病起因于先天不足。再后来，他就不能走出家门了，我们得知他患的是罕见的“渐冻人”恶疾（即肌萎缩性脊椎侧索硬化症），大家都不禁为他扼腕痛惜。

一次去他家中看望他，我们事先商量见面后闭口不谈他的毛病，可是他自己心里却明镜般的清楚，直言不讳地告诉我们，他的病是无法救治的，现在明显地感觉到运动神经的坏死始于足下，逐渐向上体发展。他说很庆幸现在还能和我们交谈，感谢大伙对他的关心，也很遗憾不能继续和大伙儿在一起做同事。我们除了聊些过去和他一起相处的日子，羡慕他的心灵手巧，赞颂他的教风魅力，尽量分散他的注意力，可大伙儿心里明白，这一切的一切都帮不了什么忙。

今天，学校编撰《良师轶闻》一书，向全校征集优秀老师的轶事，我不由想起了金岭南老师。他不属于那种“高、大、全”类型，他的一生是平和、谦逊、低调、务实、平凡的，可认识他的人都忘不了他那独特的形象，大家对他是由衷钦佩且怀念的。

作者：原无锡轻工大学生物工程学院院长、教授、硕士生导师

仁医妙手，良师慈母——彭玉蓉

詹鲁

彭玉蓉老师是许多人永远都不会忘记的人。她的许多学生现在都是各医院一线的医疗工作者，一提到彭老师，大家都有许多话愿意说说。很容易地，我就联系到了彭老师的两位学生，一位是医疗系98级的朱敏，他现在是江阴峭岐医院的院长；另一位是医疗系89级的李春英，她现在是江阴市健康促进中心副主任。他们读书的时候彭老师是医疗系的主任。一谈起彭老师，两位受访人都禁不住交口称赞，也表示出深切的怀念。她对待学生很富有爱心，做学生工作也很细心，能设身处地从学生的角度考虑事情，为学生着想。

说起彭玉蓉老师，“脑海里总是浮现出许多往事，记得的都是她的好，这么多年过去，恍若就发生在昨天。”李春英回忆说，20多年前，我们在江大读书期间，从学兄学姐那里听到了系主任彭玉蓉的名字，那时同学们背后都叫她“彭妈妈”。彭妈妈年纪50开外，慈祥的面容，娇小的身材，忙忙碌碌的身影。在校期间，从来没有见她对学生发过火，可在学生调皮时，只要有谁喊一声“彭主任来了”，大家就立马变得鸦雀无声。她是当时无锡为数不多的主任医师、教授，在众多老师中享有很高的威望。她一方面真心关心学生，和蔼可亲，是学生的慈母；另一方面又对学生的业务要求从不放松，是学生的严师。她拥有丰富的临床经验，讲课清晰到位，有条有理。那潇洒漂亮的板书、抑扬顿挫的声音，听彭老师的课是一种享受。她教的外科学，每讲一个病种，就举一个真实的病例，就像讲故事一样，让人印象深刻。她不仅培养了学生的医疗能力、操作技能，还经常强调医生应该有的态度和职业道德。“作为一名临床医生，又兼系主任，她深知学医是一项严谨务实的工作，要对患者及其家属负责，所以在学校里就要体现这一点，不得有一丝马虎”，李春英医生说。临床带教时，她的医术、医德让人叹为观止，她的教导让学生终身受用。

学习上严格要求，生活上处处关心，是彭老师对学生的基本原则。课余时间，除了繁杂的行政事务，彭妈妈总是要抽空关心学生的生活。接受访问的朱敏院长谈到自己在大学生阶段的经历时说："那是我唯一的一次装病逃课，就没能逃过她的法眼。那天不知怎么的，我就是不想上课，躲在宿舍里装病睡懒觉，正好赶上她来检查宿舍卫生。我一边解释说自己感冒了，一边想从床上起来。她走过来示意叫我不要起来，并用她的手试了试我的额头温度，笑眯眯地走了。中午，我的班主任蒋建新老师从家里炖了鸡蛋羹送到我宿舍来。从此以后，我再也没有逃过课。"朱敏回忆此事时，脸上仍然带着一丝愧疚。

那时，医疗系刚创建不久，日常管理事务极其繁忙，彭老师既要当系主任，要当医院副院长，还要当专业老师，完成教学科研任务，但她总是能够合理安排，从容应对。李春英主任分析其中的主要原因是，一是彭主任为人处事好；二是她管理能力强；三是她业务水平精湛。在老师和学生们眼里，彭主任是一位了不起的女性，如今回忆起来，大家依然充满了对她的敬佩与感激。李主任说："当年无锡四院的外科主任来我系讲授临床医学课程，课间谈到彭老师，也是啧啧称赞，说她虽然是一位女同志，但做的手术又快又漂亮。"当时，作为无锡第四医院主管医务的副院长，彭老师秉承医者仁心之精神，全力解决前来问诊的各类患者。她是当时无锡为数不多的主任医师、教授，学校里的同事们有了疑难杂症都会找彭老师咨询，病情比较严重的，还请彭老师联系医院和主刀大夫，对此她从不推脱，总是尽其所能热心帮助，甚至连学生们从老家带来的亲戚、邻居找她看病，她都会抽空热情接诊，帮着联系医院、病床。朱敏说："大三那年，我老家邻村有个婴儿，患病后到处求医，诊断不明，中年得子的父母亲急得六神无主，每天以泪洗面，我只好把他们带到彭主任那儿，原来小宝宝得的是罕见的先天性肠系膜扭转。后来，经过彭老师成功手术后，那孩子发育一切正常，如今已经成家生子。"

很少有人知道，彭老师除了是一名教授、主任医师，她还是一名抗美援朝的老战士和一名参加援外医疗服务的国际主义战士。新中国刚刚成立时，彭老师正是一位年轻漂亮的花季少女，在爱国主义的热情感召下，她毅然决定弃笔从戎，投身到抗美援朝，保家卫国的神圣战争之中，作为医疗队中的女兵，她在朝鲜战场上救死扶伤，经受了今天年轻人想象不到的生死考验。抗美援朝结束后，她回到祖国，重新在医学专业深造，继续履行救死扶伤的神圣使命。20世纪70年代后期，彭老师告别丈夫和两个年幼的儿子，又接受了赶赴坦桑尼亚，承担医疗援非的任务，作为奔巴医疗分队的医疗组长，她肩负着祖国的重托和神圣的使命，经受了物质匮乏和艰苦条件的考验，为缺医少药的非洲人民送医送药。在那里，她常常一天工作十多小时，手术一台接着一台，高超的医术和崇高的医德赢得到了坦桑尼亚政府和人民的高度评价，这位优秀的国际共产主义战士为祖国赢得了荣誉。

战争的残酷，打磨了她坚强的信念与意志；精湛的医术，挽救了无数国内外患者的生命；博大的爱心，帮助了许许多多普通的老百姓。她用实际行动展现了军人的形象，用救死扶伤谱写了医师的医德，用精心育人展示了一个教授的水平。遗憾的是，在繁忙的工作中，彭老师累垮了身体。她作为一名著名的外科大夫，不知道亲手挽救了多少患者的生命；作为一名医学院的老师，她培养了大批优秀的医务工作者。而她自己却身患肝癌，回天无术。面对病魔，她镇定自若地向同事们介绍自己的病情，冷静地与别的医师商议，采用相对适合自身的治疗方案。她的身体素质相当差，在原先肝脏条件欠佳的情况下，又经历了肝癌开刀和放射性治疗，经历了许多痛苦折磨，但她的心理素质极好，没有表现出丝毫沮丧，仍是那样从容不迫。她关照大家：“不要告诉学生，学生们现在都在医疗第一线忙碌着，大家都很忙。”她与病魔顽强抗争了 14 年之久，堪称肝癌史上的奇迹，这主要得益于她坚定的科学信念和豁达的人生态度。

彭老师的心里永远装着别人，这也许就是为什么她记得住许多人的姓名。对于毕业多年的学生，大多数她都能叫得出名字来。学生们也都将把江南大学当做自己的家。李春英主任说：“毕业后参加工作的第一年，应邀回学校，与下一届的同学分享在校时的学习体会与从医心得，走入校园，远远地看见一个人走过来，原来是彭主任来迎接大家。走近时师生相拥在一起，感觉很激动，也很温暖。”真挚的话里语间，浸透着学生对慈母般老师深深的怀念。正因为如此，彭老师病重时，深知师生情谊的她知道学生们会很为她担心，便特意交代身边的人，不要去惊动学生们。大家还记得，在她最后的日子里，结伴去医院看望时，她基本还能叫出每位学生的名字，关切地询问其他同学的近况。直到生命的最后时刻，她仍一直惦记着学生们。

技不在高而在德；术不在巧而在仁。医者，看的是病，救的是心，开的是药，给的是情。“扈江离与辟芷兮，纫秋兰以为佩”，彭老师，你是仁医妙手，是济世良药，也是学生们终生怀念的良师慈母。

作者：原江南大学医药学院党委副书记

将人生况味与深层思考融入课堂——杜文园

庄若江

杜文园，1934年生，他来江南大学工作的时间和我大致差不多，都是1984年。那时，我从徐州师范学院调到无锡大学（无锡市职工大学，后改名江南学院，2001年并入现江南大学）任教，是中文系最年轻的教师，杜文园则是中文系的系主任。但平时很少听见有人叫他“杜主任”，大家都喜欢叫他“老杜”。

老杜之所以会落户无锡，是因为随二十七军驻扎无锡，后来又以军代表的身份进入市政府机关，再后来就转业到了地方。来江南大学之前，他曾经做过市委办公室秘书处的负责人和压缩机厂的副厂长。也许厌倦了复杂纷纭的名利场，也许向往陶渊明式的自在与淡泊，总之，老杜是自己申请调动来到学校工作的，从干部转型成了一名教师。那时的他，恰值“知天命”的年纪，这次的人生转型，充满了未知风险，但他一定清醒地知道自己想要什么。

当然，学历不高，没有学位的老杜，要适应高校的运行体系和评价机制也并非易事。1950年，年纪不满17岁的老杜参加了中国人民志愿军，去了朝鲜前线。那时，高中毕业的他，是部队中罕见的高文化素质的娃娃兵，因此受到领导青睐，留在军部担任文书工作，从此便与纸笔结下不解之缘，成了一个地道的文化人。但是到了高校，他却没了文化优势，年过半百的他，必须付出比常人更多的心血和努力。好在大学人文类的课程不仅需要扎实的理论功底，更需要丰富的社会实践和人生见识，要能给学生以人生的导引，而这一点正是老杜的强项。

在中文系的诸多课程里，老杜教授的课程是“文艺理论”。这是一门相对强调理论性的课程，比一般文学类课程需要更多的理性。老杜对教材进行认真分解归纳，查阅大量书籍资料，亲手整理制作大堆的卡片，勤奋努力程度不亚于年轻教师。善于思考的他，敢于也有底气对当时堪称权威的文艺理论体系提出大胆质疑，在讲课中融入了许多独到的真知灼见。他边授课，边积累，居然把一门相对枯燥的课程讲得有滋有味。很久以后，一位干部班学生在向我谈起老杜时说，“老杜讲课中有一种充满沧桑感的人生况味，还有一份曾经沧海的人生历练和深刻感悟，这也许就是我们都被他吸引、喜欢听他讲课的原因。”

年龄稍长的干部班、职工班学生，尤其敬佩老杜的为人和智慧，遇事都喜欢向他讨教、找他商量，乃至自己的家庭琐事也要向他诉说。那时候没有“我最喜爱的老师”评选，但我知道，在学生们心里，老杜一定是最受欢迎的教师。在他身上，可以真切地感受到什么是“学高为师”，什么是“身正为范”。学生毕业后，我和老杜经常受邀参加学生婚礼和各种毕业生聚会，老杜无数次担任学生婚礼的证婚人，是喜酒喝得最多的人，可见他在学生们心中的地位。因为这份感情，在老杜生命最后的日子里，日日陪伴在他身边的，除了他的家人，就是学生了。这种亲密无间形同父子般的关系，后来我再也没有见到过。

1993年，老杜和市委讲师团的陶伯华一起合著的文艺理论著作《艺术变相论》正式出版了，这是他的第一部专著，也是最后一部。他工整地在扉页签上名字，把一本本书送给我们大家。那时，他笑得很开心，额头的皱纹里都溢满了笑意。一年后，老杜如愿以偿地评上了副教授，这不仅是他苦心钻研的科研成果，更标志着他人生转型的成功。而我知道，这次的自我转型，老杜为此付出了巨大努力。

因为老杜有着丰富的地方工作经验和广泛的人脉，20世纪八九十年代的中文系社会办学很是红火。他和无锡压缩机厂等大企业联合成立了“企业文化研究会”（至今仍坚持活动），带领师生进行企业文化研究，撰写各类调研报告。也就是在那时候，我参加了有史以来最大型的一次城市文化调研活动，对无锡的文化有了最初的了解。那些年，系里的老师们与社会的交往十分密切，作为青年教师的我，也跟着老杜跑了不少乡镇和企业。1988年，我担任了系主任助理，协助老杜工作，主要负责对外汉语部的招生和日常事务，尽管家务多、工作忙，每周20多节课之外，还要处理各种琐事，但有一位信任自己的领导和一个宽松和谐的氛围，心情愉快而温暖。

通过调研，老杜提出，大专层次的中文专业应该更注重应用性，最重要的是，学生在校期间要掌握一个秘书的所有职能，尤其是公文写作技巧。在赢得共识之后，中文系以“应用中文”名义招过两届学生，并较大幅度地修订了培养方案和教学计划，虽然后来又将名称改了回来，但在当时仍不失为一种主动的、积极的探索和实践。

20世纪80年代后期到90年代，正值改革开放不久，一方面全社会求知若渴、学风高涨，另一方面人才难求，而知识分子的待遇也不高。结合几方面的需要，老杜带着大家跑企业、走乡镇，了解社会人才需求，面向社会办班。在中国诸多高校里，中文系可能是最早尝试校企联手合作共建的系部。那几年，中文系办了多届文秘类培训班，教师们仿佛被劲风鼓胀起来的一叶叶风帆，被推着一直向前，向前。记得当时每周安排我要上27节课之多，现在回顾之，这样大的教学工作量简直不可思议。那些日子很忙，也很累，但充实而快乐。也正是在那样的快节奏和高压力之下，我们成长了，不仅能力得到锻炼，也迈出了人生“经世致用”的第一步。在老杜担任系主任的10年中，中文系，这个不算大的文科系办得生机勃勃，充满了朝气和活力。

1997年夏天，老杜因肺癌病逝，享年65岁。抽烟夺去了老杜的天年。老杜抽烟的“毛病”源于抗美援朝的一段经历。赴朝时，老杜还是个孩子，每月部队发饷之后，老兵们总是拿钱买烟抽，一来没有其他东西可买，二来战争残酷，今天不知明日事。在那种环境下，他也就熏陶成了烟民。被发现患了肺癌后，一次我们去看望他，抽了几十年的烟居然戒掉了，老花镜搁在案头，桌子上放着新近的一期《企业文化》的稿件，老杜还在忙着，看上去精神尚好。

于是以为不会有事。不料，仅仅两个多月后，医院已经发出病危通知。

记得最后一次见他是炎热的7月，正值学期结束。病榻上的老杜十分瘦弱，已经无法开口。也许因为我们在的缘故，老杜拼命挣扎着想说什么，却又发不出声音。那天，我们匆匆告别，心情沉重地离开医院。20分钟以后，我就接到电话，“老杜去世了”。他似乎在等我们，告别后他就走了。

从1984到2014年，整整30年的光阴，弹指之间，转瞬即逝。一个个春夏秋冬的轮回，黄了梅子绿了芭蕉，落了梧桐瘦了秋山，多少世事变迁，多少沧海巨变……转眼之间，老杜离开我们已经17年了。他虽然没有可以炫耀的学位职称，却以一个教师端方正派的人品、德行和丰富的学识给学生们留下了难忘的记忆。人生无常，生命总要逝去，老杜虽然早早离世，但他言垂示范，行为士则，在我心中他是一个活得成功的人。

作者：江南大学人文学院教授、硕士生导师

寄儿乡里，情系造型——徐里君

朱华

我母亲徐里君，1961年毕业于南京艺术学院美术系装潢专业，毕业后分配到无锡轻工业学院造型系（即今江南大学设计学院）任教，至1992年因病逝世，一直从事包装装潢设计的教学工作，历时31年。她不仅是造型系的创建人之一，也是包装装潢专业的创立者。她为自己心爱的专业呕心沥血、殚精竭虑，将自己的青春和才华全部奉献给了造型系，为日后设计学院视觉传达专业的发展奠定了坚实的基础。

母亲初到无锡工作时，无锡轻工业学院造型系刚刚从隶属于机械系的一个轻工日用品造型设计专业中剥离出来。建系之初，只有四位年轻教师，教学工作和专业建设任务异常繁重，事无巨细，一切都要从头做起，这对他们这几位年轻教师来说压力之重、工作强度之大是不言而喻的。

母亲是一个处事认真的教师，教学工作一贯勤勤恳恳，认真负责。她花很多时间仔细备课，教案内容丰富，讲课娓娓动听，论理透彻清晰，范例面广量大。母亲对教学的负责态度，不光体现在课内，还表现于课余。假期里，母亲也经常得不到良好的休息，不仅要准备下学期的课，画出示范画，还要联系落实下学期学生实习的场所等。因为设计专业的特点，母亲很注重教学与实践结合，强调设计必须和生产实际相联系。为了让学生更好地了解设计与工艺、商品以及市场的关系，她就直接把若干课程安排在企业里进行，同时邀请厂里的设计师给学生介绍实用性设计的要求、技法和工艺。不辞辛苦，精益求精，为了上好一门课，她总是想尽一切办法。

谈到母亲对待学生之好，真是无话可说。吃过晚饭后，因为牵挂学生的晚自修效果，母亲经常到自修室辅导学生，学生们都特别喜欢她。许多年后，校友聚会时，总有校友提起，当年徐里君老师对待我们视同子女，因为她特别耐心细致，除了点评学生画作和设计稿的优缺点之外，还能引导他们拓宽思路，触类旁通，提高设计水平。母亲待人平和，和蔼可亲，对学生关怀备至，师生关系融洽亲切，是学生们公认的十分难得的良师益友。可学生们未必知道，因为工作太忙，特别是接受了带领学生外出实习的任务之后，她就无法照顾年幼的子女，只能把年幼的我送到上海外公外婆家暂住一段时间，将我的弟弟送到南京的父亲身边去。因为没有时间照顾子女，弟弟年幼时甚至被送到无锡郊区的农民家里寄养过一段日子，母亲只能在星期天去看看他，送点吃的。今天，我们这代人也成了年轻教师。我不由扪心自问，同样情境下自己就很难做出如此举动。回想起来，母亲的爱也许是一种更博大的爱吧。

为了培养社会急需的优秀设计人才，母亲总是想办法充分利用自己的社会关系，为学生拓宽学习的天地。她和上海广告公司、上海设计公司、上海轻工业学校等单位都保持着密切的、良好的互动；和广州的陆禧逵先生、上海设计公司的任意先生、上海轻工业学校的丁浩校长等当时国内著名的设计教育家专家和业界精英比较熟悉，在教学工作方面，她都得到过这些单位和诸位先生的热情支持和帮助。她自己也为一些企业设计了商标、包装装潢等，使自己不离开社会的一线需求，如洋河大曲、习酒、口子酒等商标招贴，符离集烧鸡、无锡惠山油酥等包装装潢。她的包装课，要求学生设计项目也必须尽量结合社会企业实际需求。无锡轻工业学院造型系的包装设计在中国包装装潢设计协会举办的历届设计展评会上总是获奖大户，名声不断得到提振，我想说，母亲徐里君功不可没。

在学术上，母亲曾受邀编写出版过专著《食品包装装潢设计》。我国高校第一本包装装潢设计统编教材的主编就是我母亲，该书由湖南大学出版社负责出版。母亲的治学特点，就是能紧跟时代步伐和设计潮流。她非常关注专业领域的发展动向，积极参加各类社会活动，收集国内外最新资料，她经常提到，要防止知识闭塞、目光短浅。她是中国包装装潢设计协会的理事，曾获该协会颁发的奖项，曾被评为全国包装装潢优秀工作者。她还是历届设计展评会的评委，做过多场专题性学术报告，在业界，她是一位备受大家关注和推崇的人物。母亲人缘极好，她患病时，包装装潢设计协会得知她病重，特意派了两位同志从北京专程赶到无锡看望她，轻工业部教育司的李遵同志也受领导之托前来探访。母亲逝世后，《中国包装报》头版还为她刊出了讣告。

2010年，江南大学设计学院举办50周年院庆时，设计学院汇编了一本纪念文集《造型往事》，当年建系元老之一的许恩源老师在他的文章中这样提到我母亲："说起这个专业建设的有功之臣，还必须提到另一位老师——徐里君。她是当年南艺的高材生，据说她上大学之前就活跃在上海包装界，许多业界人士都是她的知己好友。徐老师生性善良厚道、淡泊一切、温文尔雅、与世无争，我们相处几十年中从未见她与任何人红过一次脸、怄过一次气。由于她的专业基本功强，又出自名校名师，由她担任核心教学任务的包装装潢专业有着很好的教学业绩，深得领导和学生的好评。她出生上海，始终保持着上海人的矜持、精致、秀外慧中，略带一点清高浪漫的风度，但又不失一位教师的端庄和高雅。美丽善良、和蔼可亲、终生奉献给教育事业的徐老师，大家永远怀念她。”在那次盛典上，设计学院追颁给我母亲徐里君“创业贡献奖”，这是对她一生奉献的充分肯定与诚挚敬意。

作为徐里君的女儿，也作为设计学院的一名后学，我非常怀念我的母亲，也觉得应该义不容辞秉承她的师德师风，继续对设计人才的培养做出自己的贡献。

作者：江南大学设计学院副教授、硕士生导师

开水泡冷饭，边吃边指导
——邓家佩

陈国庆

岁月倥偬，不知不觉进入 2014 年，这是敬爱的邓家佩老师去世的第十个年头。斯人已去，真情犹在，那份对教育事业的全心挚爱，对学生的无私慈爱，对后学的提携仁爱，至今依然历历在目。

邓老师经历丰富，曾在多校任教，毕生奉献教育。1960 年 8 月，她毕业于华东师范大学物理系，随后分配在南京工学院物理系任物理教师两年，接着在原无锡教师进修学院任教，1974 年至 1978 年又调到原无锡国棉三厂工人大学，1978 年 8 月调入原无锡轻工业学院物理教研室，兼任党支部书记、实验室主任等职。邓老师对教书育人事业充满了热情，尽管患有严重的先天性心脏病，但她并不畏惧，也未因此而放缓生活节奏，照样兢兢业业工作。她把课安排在下午，她先生上午就用自行车将她带到学校，中午在校休息，下午就能精力充沛地站在讲台上。看到她上课时的精气神，很少有学生知道她的病情。

邓老师备课非常认真，比如讲授透镜焦距实验，年轻教师随手画示意图，而她一定用尺子很规整的画在黑板上，并用红笔描述光线。她很重视实验报告的批改，学生写错的地方，一定用红笔画出来，并在旁边注明问题所在。她在教学上敢于探索。20 世纪 80 年代初，在一无资料，二无教材的情况下，她克服各种困难，为物理师资班开设“物理教学法”课程，在她的努力下，学生们重视这门课程，而且受益匪浅。她努力探索教学内容和教学方法的改革，开展试点推进“实验与理论结合”；参与编写化工（含大食品）《实验物理》、《大学物理实验》等教材；自编了“大学物理力学”、“相对论基础”讲义。特别是在经费困难情况下，凭借师德力量和教改热情，她历时一年，调研了上海、南京、常州、无锡等地十四个单位，取得有关企业单位的支持，允许她带领摄制组到企业现场拍摄，编制了“红外应用”的教学录像片，该录像片由清华大学影像出版社出版。不仅充实了近代物理教学资料，还受到学生们的欢迎，取得很好的教学效果。

物理实验室的教学任务非常繁重，除全校 21 个班 630 人的实验外，还要积极支援外校。由于多种原因，实验室几位工作人员陆续被抽走。邓老师的家离校较远，但她几乎天天到校，身先士卒，团结带领教师和实验员，保质保量，共同完成全校的实验教学任务。为了加强实验室建设，她带领教师勤俭节约，精打细算，购进了激光全息实验基本设备与器件，创建了激光实验室，为改善实验课教学环境及教学科研条件做出了开创性贡献，也为我校光学工程学科的建立奠定了一定基础。

邓老师十分注重培养学生的动手能力，合理安排调整实验。在担任物理教研室主任、物理实验室主任期间，她将原先每年 30 个物理实验，每次 2 学时的实验教学计划，改为每年 20 个实验，每次 3 学时。这一改革使实验教学单元时间得到保证，实验更加突出重点，教师有充裕的时间检查学生完成实验的情况，并增加了讲评环节，使得实验教学质量明显提高。她还积极改革实验考试方法，将考核分为笔试和实验操作两部分，对学生实验成效的考评更为全面平衡。虽然，为此教师投入了更多精力，但有效促进了实验教学效果。在此基础上，她开展因材施教，让部分优秀学生先行设计实验，学生自己策划、自己准备、自己操作，实验动手能力大为增强。

教书不忘育人，邓老师非常关心学生的思想和成长，做学生思想工作时润物细无声。有的学生进入大学后，目的性不明确，学习松懈，对自己要求不严格。邓老师发现以后，除了在课上进行正面教育外，课余时间还到学生宿舍了解情况，主动接近这些学生，做他们的知心朋友。她主动为学生作“怎样才能更快更好地适应大学生活”的报告，帮助学生摆正学习态度，树立正确人生观，端正入党动机。她的心里装着学生，对学生充满了慈母般的爱，把学生看做自己的孩子，几堂课下来，每个学生的名字她都记得，那些孩子就像是她的家人。有一位学生，因生病而情绪低落，没有心思继续读书了，一心想申请退学。邓老师就帮助那位学生多方求医问药，最终治愈，并顺利完成学业。平时，她还为病愈学生补课，为经济困难的学生联系打工。在学生们的印象里，每次下课，邓老师回办公室都很晚，因为总有很多学生跟着她问这问那，而她也总是热心地答疑解惑。

邓老师身体虽然不好，但生活却相当马虎，把心思都扑到了工作上。为了有更多时间辅导学生，邓老师经常带饭到学校，中午在办公室用开水泡冷饭，一边吃一边还在指导学生。当时同一教研组的青年教师严明祥至今还对那个场景记忆犹新。邓老师边吃饭边指导学生，也成了教研组的一道风景线。学生们都很喜欢邓老师，毕业之后还经常和她联系。她对学生有爱，学生对她有情，她生病住院期间，有很多学生和同事去看望她，守护着她。邓老师以高尚的人格激励学生，以无私的爱心帮助学生，让我们这些后辈特别佩服。

邓老师对青年教师也满怀长者之爱。从青年教师思想认识到业务能力，处处关心，时时提携，倾注了许多心血。她要求别人做到的，首先自己做到，身体力行，身正为范，给人以人格魅力的感召。她用自己的丰富经验和深刻的教学体会引导青年教师建立正确的人生观、世界观，提高教书育人的业务水平，鼓励他们树立信心不畏困难。她把自己亲手编写的教案直接拿给青年教师看，还亲自带着钱维莹等青年教师到南京参加教学方面的培训班。在她的指导培训下，我们这些后学的思想不断成熟，教学业务水平迅速提升，科研能力也不断增强。当年她培养的青年教师如今已成长为我校物理教学科研的中坚力量，有的还走上了校级、院级主要领导岗位，提起她，我们这些后辈都觉得很温暖。

1996 年，由于身体欠佳，邓老师光荣退休，依依不舍地离开了她挚爱的讲台。但是，退休后的她并未颐养天年，而又以满腔热忱，义不容辞地投身于教学督导工作，并担任了校督导组理工组组长。她完全不顾自己日益严重的心脏病，即便是从上海做完手术，回来不久又出现在课堂里，就为了多听几堂课。青山湾老校区教学楼没有电梯，她就拖着病体，每上一层楼，都要歇几次脚。从她退休到去世前的八年中，邓老师为我校教学督查和青年教师的培养，呕心沥血，甚至因心脏病发作倒在讲台上。

邓老师出色的工作为我校物理课程改革、教学质量提高、物理教研室的发展和师资队伍建设作出了不可磨灭的贡献，也得到了来自各方面的表彰。她曾荣获省优秀教育工作者，市三八红旗手，市巾帼建功活动先进个人，市师德高尚好园丁，“三育人”先进个人等多项光荣称号。

怀念是一种笔触沧桑的回忆，基调凝重舒缓，年代愈久，埋藏在心底的怀念愈深。尽管邓家佩老师离开我们已是第十个年头，但她的音容笑貌仍不时浮现在我们这些后辈的脑海，她的精神永远激励着我们，她的温暖永远浸润着我们的心田。

作者：江南大学理学院教授、院长

亦师亦友赤子心——王新民

庄若江

王新民教授是我的同事，还是同事中特殊的一位，因为，他曾是我的老师。当年在南京师范大学中文系读书的时候，他是我们学生最喜欢的青年教师，号称“南师大中文系两大才子”之一，另一位是何永康先生。

王新民给我们讲授“中国当代文学”课程的戏剧部分，他那极富感染力的话语、声情并茂的表达，使这门课成为大家最喜爱的课程。当时，并不流行给老师打分，如果像今天这样请学生评教的话，王新民老师一定是排在最前面的。后来，因为三校合并，我们再次走到了一起，这次师生成了同事。

在江南大学文学院，我做了几年分管教学的副院长，每年都要给学生开教学质量座谈会。会上，学子们对他的课评价总是最高的。虽然他对学生的严格要求是出了名的，但学生却很认可。可见，学生心中还是有一杆秤的。

王新民老师是性情中人，敢爱敢恨，才华横溢，这令他很有个人魅力。应该说，除了上课上得好，他的潇洒、浪漫、才情，也都是吸引我们的因素。

20世纪80年代初，他挂帅的南师大话剧团在当时南京的高校群中可谓声名显赫，学校附近华东水利学院（今河海大学）、南京大学、南京工学院（今东南大学）的话剧爱好者经常慕名前来观看话剧团演出。在当时好学向上的氛围中，喜爱话剧、倾慕艺术的学子大有人在。王新民老师自己能导、能演、能写，在他的身边永远聚拢着一批痴爱话剧的学子。在那个文学复苏的黄金时期，话剧艺术是最早崛起和繁荣的艺术样式之一，并常常领先于时势发出一串串精彩的叩问。南师大话剧团当时的活动十分频繁，话剧演出也超越了《雷雨》、《茶馆》这类早期精品，而进入到对现实生活层面的思考和追问，从宗福先率先肯定“四五”的《于无声处》，到号称最早的反思腐败而在社会引起极大争论的话剧《假如我是真的》，每逢演出，学校 100 号礼堂里总是黑压压地挤满了人，不仅座无虚席，连走道上也常常塞满了人。但没多少人知道，在一场场精彩的演出背后，王老师所付出的无数时间、精力和汗水。做这些事，没有人给他计算工作量，也没有任何经济的补贴，师生们聚在一起做这一切，目的出奇的简单，那就是对话剧的挚爱，对艺术的执着。

王新民老师是我所见过的最没有功利心的人，在今天社会上这样的人实在不多。并校以后，王老师和我成了一个学院的同事，我分管院里的教学工作，他则是现当代文学教研室的主任。一个学年结束了，教研室主任要为本室的老师们核算全年的教学工作量，然后汇总至院里。有趣的是，王老师给别人核算时从不出错，对自己却相当粗心马虎，总是丢三落四。在核对工作量时，我不止一次发现他经常漏报自己的工作量，有时整整漏报了一门课。要知道那些课时核算成钱，往往达数千元。我帮他补上漏报的工作量的同时，总是打趣他如此粗心，同事们则围着他起哄，让他请客。

落下的还不止这些，记得 90 年代前期的一个冬天，省社科院的汤淑敏老师来无锡出差，顺道来了我家。她是南京大学著名教授叶子铭先生的夫人，我们因为研究台港文学而成为朋友，她和王新民也是多年的老熟人。那天几个人在我家聊天，顺便吃了顿便饭。闲聊中，王新民说起户口不在本地的儿子在自己这里吃住，弄得粮食都不够吃（那时计划没放开，粮票也还没取消）。而我女儿尚年幼，粮食有余，于是装了一袋大米，并帮王老师拿到楼下。可是，他离开后刚刚半个小时就打来了询问电话："小庄，刚才那袋米我拿了吗？"

"不是给您放在车子后座上了吗？"

"那怎么不见了？"

"不见了？怎么会？！是不是掉在路上了？"

一阵沉默之后，电话那头终于说："噢，怪不得刚才在路上有人拼命喊我，朝我招手，可我没下车……"

因为他在北京、南京、广东等许多地方工作过，朋友也多，其中不乏学界的著名人物，像中国社科院的张炯、杨匡汉、刘士杰、白烨等，其中不少是学界的泰斗级人物。有时他们来锡，顺便到学校给师生们作学术报告，一般都是学院接待吃住。但王老师却固执地认为他们是自己的朋友，一定要自己招待，每每总是自己掏钱结账。后来，他买了一部赛欧汽车，又总拿私车公用接送客人。他的夫人许小帆一次偶然说起王老师工作了几十年却几乎没有积蓄。我想，这大概和他的过分慷慨有直接的关系。

王老师讲课受到学生追捧，我几次想再重听一下他的课，总被他笑着推辞。文学院想请他开一次全院公开课，也被婉拒。原以为时间还有，机会还有，后面的日子还很长。却不知，这个愿望终于没有实现，他就走了，永远离开了大家。那么突然，那么猝不及防，那么令人束手无策。

那天，当我站在他的病床前，注视着他那暗淡毫无生气的脸，我第一次深刻地体会到了人的力量的渺小和无奈。当你眼看着生命一点一点在自己面前消逝，却毫无回天之力。仅仅100天不到的时间，死神就夺走了一位杰出的英才的生命！

回想起三个多月前，5月19日，我和新民老师还一起在无锡广播电视中心开会，讨论城市电视台电视剧产业发展战略。22号，周六，我们在青山湾校区阅卷，就在校门附近的那棵粗壮的雪松下，他不动声色地告诉我和高侠："我可能得了肝癌。"那副冷静的神态和语气令我们怀疑自己的耳朵。直至在上海医院得到确诊后我们才不得不相信这一残酷的事实。病中，王老师一直那样乐观，那样信心十足，就在他去世的十天前，还发了短信给我："我相信自己能够创造生命的奇迹。"是的，他一直在和命运抗争，一直坚信自己会好起来，他去世很久以后，那条短信还一直保存在我的手机里。

就在5月的那个会上，我们约定共同创作一部电视剧，可当我把刚完成的提纲拿给他看，他就病倒了。确诊患了肝癌以后，他坚持每天记日记，他说等以后病好了，就可以将病中的感受写到电视剧里去。他笑着对我说，这些感受不记下来，病好后就再找不到感觉了。

2004年8月24日，是妻子许小帆的生日，王老师还那样深情地为相濡以沫的妻子写下一张深情而浪漫的生日贺卡，这是他留给家人最后的一抹温馨。几天后，他再次住进了医院，十几天以后，他走了。带着浪漫、热情，带着对生命的无限憧憬和留恋，他离开了我们。

新民老师走了，但他的活力，他的才情，他的正直、单纯和透明，却让所有熟悉他的人记忆犹新。他一生历经坎坷，遭遇许多不公，但他做人始终是那样挺拔，心态始终是那样年轻，为人仍然那样率真，对新鲜事物他总是充满热情，永远敞开怀抱拥抱生活、人生。他喜欢穿牛仔裤，穿鲜艳的衬衫，任何时候保持着身姿的挺拔，正如他的人品。在接受新鲜事物上他宛如一个二十多岁的年轻人，在同龄人中，他第一个学会开摩托车、汽车，最早使用电脑，最早用手机发短信，始终保持着年轻人的敏锐和热情。最最可贵的是，他直到去世也没有学会社会上的那些庸俗龌龊，他不拍马，不屈膝，不善奉迎，也不随波逐流，永远像一棵挺立的大树，乐观向上；又如朗月清辉，散发着干净的光芒。

命运对他不够公平，但人心是公正的，他走了，但有那么多人记得他，怀念他。虽然他的生命不长，却赢得了身后的年轻。我相信，新民老师在人们的心中获得了永生。

作者：江南大学人文学院教授、硕士生导师

清华六年，江南二秩——方沛伦

殷宝良

江南自古人杰地灵，群秀竞秀，才人辈出。方沛伦先生是位典型的江南人，性情温和，脸上总是浮现着笑意。他生于苏州，长于苏州，后来工作于无锡。他将一生的热情奉献给了江南这片热土，在无锡走完了自己的生命历程。

古人云，人有三不朽：立德、立功、立言。我第一次听说方沛伦老师的故事时，脑海中便涌现出这六个字。回顾方先生的生平，为人子，尽心尽力侍奉双亲；为人夫，同甘共苦不离不弃；为人父，言传身教因势利导；为人师，育人为先寓教于乐；抓工作，呕心沥血无怨无悔，当领导，平易近人关爱同事——此六字，方先生当之无愧！

方老师毕业于清华大学，六年的清华求学生涯对他的一生产生了深刻的影响。清华求真的教学理念、求实的学术环境，积极的创新意识和丰富的课余生活都让他受益匪浅。他在后来数十载的教师生涯中，一直积极探索有效的教学方法，鼓励培养学生的创新思维，方老师还热爱文艺，致力于活跃校园文化生活。我想，这无不与清华的熏陶一脉相承。去世前不久他还曾写文章《清华六年》，深情回忆自己的大学时光，提到了清华的笔记在他后来的教学工作中仍然发挥作用。清华大学的校训“自强不息，厚德载物”更是鲜明地体现在了方老师身上。1968年，正值“文革”期间，知识分子下乡。方先生被分配到辽宁阜新县农具厂工作，接受“工人阶级再教育”。尽管日夜被监视，他仍然设法工作学习。

1978年，在知识分子专业对口的政策下，方老师被调至安徽工学院（现合肥工业大学）教授机械制图、画法几何。画法几何是一门抽象难懂的学科，学生常被搞得晕头转向。为了使大家能够更好地理解及掌握这门课程，方老师总是潜心认真备课，在课前先叠许多纸盒子，把平面图形的轴测图做出来，让学生看着实物再去理解三视图就容易得多了。于是，上课时，学生们常看见方老师抱着一堆纸盒子进来了，枯燥深奥的画法几何在那一堆又一堆的纸盒子里变得妙趣横生。教师是方老师挚爱的工作。在方老师眼里，教学不是一份谋生的工作、一份需要完成的任务，而是一种身心愉悦的知识交流，所以他讲课常常能陶醉其中。譬如说根据一张机械零件的剖视图，他能在黑板上立刻画出零件经剖切后的轴测图，速度之快令学生折服，也提起了学生的学习兴趣，营造了学术探讨的氛围。方老师还特别喜欢和学生们讨论问题，他的课堂上，气氛异常活跃。在同学们争相提问中也显示着方老师的聪慧机智，他总是能巧妙到位地解答问题，有时候甚至很幽默风趣。听完方先生的课，大家才知道原来工科并非那么枯燥无味。有时学生们理解不了他讲的问题，他就会想很多种方法帮助大家去理解，或画图、或做模型。有时候在家里甚至苦思瞑想到半夜，也要拿出一个易于学生理解的方法去答疑解惑。他夫人彭老师说，当他沉浸在思考之中时，手舞足蹈地犹若顽童。在安徽工学院和江南学院教学期间，方老师多次被评为“优秀教师”、“最受学生欢迎的老师”、“最佳班主任”等。时隔多年，学生们回忆起方老师的课堂，还会对那些魔幻般的纸盒子念念不忘。2012年他在锡逝世时，远在全国各地的安徽工学院1982届学生纷纷赶来参加追悼会。尽管他们已毕业30年了，闻得噩耗，还是要送他们敬爱的老师最后一程，不禁让人感叹那股博大深远的师生情谊。

1987年，方老师调至江南学院（现江南大学前身之一）。在课堂上，方老师凭借自己深厚的知识储备、灵活的教学方法博得了学生的喜爱。课下，他的人格魅力更是深深影响着同学们的身心。新生军训时，他坚持和学生们同吃同住，真正做到师生平等，时时关怀。如此平易近人的老师，学生们自然愿意亲近。有时候作业难题无法攻破，学生会直接跑到他家里去求教，而他却一点不烦，耐心答疑解惑，甚至还留学生在家吃饭，那种亲密融洽的师生关系真是暖人心脾。学生遇到麻烦，也喜欢去找方老师，他从来都是和蔼可亲地和学生谈心，了解学生家庭、生活状况。得知学生家里有特殊困难时，他经常解囊相助。一次，有位毕业生在锡城没找到工作、出去闯了一圈后，跑来向方老师求助。他热心地帮助那位同学找工作、提供住处，还资助他衣物、钱款等。一位老师，竟是尽了父亲的责任。

作为双肩挑教师，方老师还担任了外事处长、校长助理、副校长等职务。他充分利用自己的国外朋友关系，开辟留学生教育，为学校扩大留学生生源。担任副校长前后，正值江南学院大力推进本科专业建设，同时还要接受学士学位授予权单位评估，教学规范和各种教学管理制度要重新修订，工作量极大。他有条不紊指挥大家认真落实各项工作，本科教学质量得到切实保证。

方老师虽然工科出身，长期工作在教学科研一线，但他却是个富于情趣、热爱文艺的人。不仅经常和社会演出团体、名家名师联系，请他们到文浩馆开展讲座或演艺活动，丰富校园文化，他本人更是一个文艺活动的积极参与者。他喜欢京剧，不仅爱看爱听也爱唱。一次，某剧团前来演出，他临时登台献唱一段，竟博得满堂喝彩。文浩馆的陆文老师在回忆这段故事时，反复提到这个细节，确实令人钦佩不已！我曾去过方老师的家，他的书房、书柜满满当当都是书，除了工程制图、机械原理之类的工科书籍，还有不少外国文学、文艺理论、中国古典文学等方面的书。每思及此，总被方先生兼通文理、多才多艺所折服。

2005年下半年，方老师从江南大学退休，又受聘出任无锡市老年大学校长。当时老年大学正准备搬迁，新校区尚未完全建好，规划、采购、安装、搬迁一大堆事务，他都亲历亲为，整天忙忙碌碌。夫人彭老师总开他玩笑说：“你看你累成这个样子，忙得不得了，工资还不够你一个月的汽油钱呢（当时聘方老师到老年大学聘任费每月只有850元）！”方老师却对此毫不在意，因为他为的不是钱。正是这一时期的过度劳累，为他后来的病患埋下了祸根。经过几年呕心沥血，老年大学面目一新，规模可观。无锡市老干部局盛赞方老师是一位“对老年教育事业赤胆忠心、全心全意的人”，他还被评为“全国老年大学优秀工作者”。但让人痛心的是，无锡市老年教育工作步上新的台阶，方老师的身体健康却偏离轨道，逐渐走下坡，不久后便卧病不起。

人的精力毕竟有限，在事业上过多的付出往往会忽视对家庭的照顾，但方老师为我们提供了“鱼和熊掌兼得”的典范。他不仅事业有成，在处理家庭关系、教育子女方面亦颇有成绩。方老师的夫人彭守敏也是大学教师，后来曾在江南大学担任学报编辑，文笔流畅。数十年来他们伉俪情深，携手共克时艰。他们的女儿方璇，是一位卓越的金融界人才，曾任美国高盛银行和德意志银行执行董事，现在美林银行供职，是华尔街金融界的金领。儿子方翀毕业于中国科技大学，现是美国俄勒冈州立大学副教授，已拥有先进的激光研究室，指导近十名博士研究生。在父母面前，方老师更是极其孝顺的儿子，父母生病时，他总要赶去苏州守护照顾。父母逝世后，他虽然身陷沉疴，还坚持在病榻上为父母编纂纪念文集《春晖集》，既缅怀双亲养育之恩，也为小辈们作出了表率。他排行老二，上有兄长，下有小妹。他是家里的润滑剂和开心果，也是大家有烦心事时的倾诉对象。他退休后，在日本定居的妹妹还特意在苏州买了别墅，要和哥嫂共度晚年。他妹妹由衷地感叹，和伦哥在一起，才有小时候无拘无束的感觉，才有家的暖暖亲情。

行笔至此，方老师的样子在我面前挥之不去。我见过他的很多照片，每一张都面带微笑，那是一种很有感染力的笑容，观者也不禁会嘴角上扬。我一直在揣摩：他为什么总是笑得那么灿烂？后来彭老师告诉我一个小故事：方老师去世前几个月，知道自己无力回天，便要求家人带他去墓园。他坐着轮椅，亲自挑选墓地，他微笑着说：我要知道自己死后睡在哪里。我终于明白，那是一种对生死看透之后，从内心深处绽放的笑容，其间，蕴含着他对工作、对生活的挚爱，对挫折与生死的坦然。正是凭借这份仁爱之心，他的生命才能自始至终散发出阳光的能量，他也因此旷达坦荡，不屑死神。只有真正热爱生命的人，才有勇气站在自己的墓地前，面对着死神豁达微笑。

方老师的一生很好地践行着他生前所在的两所大学——清华大学和江南大学的校训——那就是“自强不息，厚德载物”和“笃学尚行，止于至善”。总结他的一生，我想这样表述：鞠躬尽瘁，情驻江南，沛然高风，蠡水回响；旷达坦然，平易随和，伦理大义，太湖流芳。

般宝良：江南大学国家大学科技园总经理（人文学院学生陈苏杭润色）

后 记

POSTSCRIPT

文化是由人创造的，创造文化的人本身也是文化的组成部分。在文化传承和发展过程中，大学毫无疑问是文化的高地。

学高为师，身正为范。师者，传道授业解惑，乃人类文明的承前启后和集大成者，正是他们构成了世代相传的文化基因和标识独特的大学文化。本着对甘为人梯、传承文明的师者的敬仰与怀念，我们编纂了这本《良师轶闻》，这是继《绿色情怀》之后，又一本“江南大学文化书系”出版物，以纪念办学史上为教书、治学、育人奉献终生的众多优秀师者，更希望从他们的言行印迹与精神风采中，感悟到江南大学的文化内涵与精髓。

承蒙厚爱，原中宣部部长、现江南大学书画研究所所长王忍之先生专为《良师轶闻》题写书名，表明了对传承师德文化的高度重视，对江南大学广大师者的莫大勉励和鞭策。

本书从征稿到汇编整理、修改润色及至最终定稿，编撰者在采访、回忆、记录、整理与撰写中，无疑经历了一次心灵的洗礼与震撼，对“大学乃大师也”的理解也得到进一步升华。编撰者深切体会到，对师德进行一般性理论概括似乎略显苍白，对师风开展常规性回顾与总结，也难以表达出其间的真谛。为此，我们把目光聚焦于师者轶闻与故事，采用“寓理于情”、“树德于事”的表达方式，同时，在文体文风上也力求生动、清新、诙谐，希望通过师生更喜爱的方式，更加鲜活、更加亲切地还原众多师者治学育人的崇高风范；将诸多良师轶闻连同各位作者的感触评品，一并呈现给读者。

从本书的酝酿到付梓，得到了学校领导的关心和鼎力支持，并对本书的编撰提出了高屋建瓴的指导意见和建议；各学院和相关部门也投入了许多精力，努力发掘和整理优秀师者的感人事迹；许多离退休的老同志、资深教师、优秀校友更是尽心竭力为本书撰写稿件，有的作者身兼多职，事务繁忙，仍然如期奉献出美文；原档案馆副馆长王建中、宣传部陈祖建提供历史照片；研究生沈妙利用现代手段对人物画像进行了写意化处理；为打造这本质量较高、可读性较强的作品集，编委会同仁精诚合作，反复商定编排体例，积极推进编撰工作，承担了征稿、审稿、整理、修改、润色、校对、定稿等大量繁复的工作，在此一并表示诚挚谢意。

需要说明的是，由于时间和条件所限，本书未及对故去的优秀师者事迹作全面的发掘和整理，又因篇幅所限，仅从供稿中选取部分与本书主题、内涵、风格相近的师者轶闻，入选者亦不过撷取其一生之吉光片羽，难以概全，疏漏之处在所难免。在深感遗憾的同时，我们将继续对其他众多优秀师者的风范故事进行征集整理，并以不同方式陆续结集面世，以飨读者，也希望读者不吝赐教，给予批评指正。

江南大学宣传部
倪松涛
2014年8月

逸夫科技馆

公益圖書館

江南大学